BUZZ

© 2019 Buzz Editora

Publisher ANDERSON CAVALCANTE
Editora SIMONE PAULINO
Editora assistente LUISA TIEPPO
Projeto gráfico ESTÚDIO GRIFO
Assistentes de design LAIS IKOMA, STEPHANIE Y. SHU,
NATHALIA NAVARRO
Revisão JORGE RIBEIRO

Dados Internacionais de Catalogação na Publicação (CIP)
de acordo com ISBD

T772c

Tranjan, Roberto
Chamamentos: a ordem natural na vida, nos negócios e
no trabalho / Roberto Tranjan
1ª edição. São Paulo: Buzz, 2019.
208 pp.

ISBN 978-85-93156-99-1

1. Negócios. 2. Autoajuda. 3. Trabalho 4. Profissão I. Título.

	CDD-658.4012
2019-540	CDU-65.011.4

Elaborado por Vagner Rodolfo da Silva CRB-8/9410

Índice para catálogo sistemático:
1. Negócios 658.4012
2. Negócios 65.011.4

Todos os direitos reservados à:
Buzz Editora Ltda.
Av. Paulista, 726 – mezanino
CEP: 01310-100 São Paulo, SP

[55 11] 4171 2317
[55 11] 4171 2318
contato@buzzeditora.com.br
www.buzzeditora.com.br

Chamamentos

A ordem natural
na vida, nos negócios
e no trabalho

Roberto Tranjan

Este livro é dedicado à Baixinha, minha mãe.

Gratidão

Aos propositadores, generosos e atrevidos seres humanos, que teimam em fazer desse mundo um lugar melhor.

Sem medir esforços, criam condições para que pessoas de todas as idades descubram o seu lugar nesse mundo.

08 **PREFÁCIO**
De faíscas e fagulhas

12 **INTRODUÇÃO**
Uma história recente
Uma incursão ao passado
A ordem natural
E agora, para onde vamos?
A justa medida
Para começo de conversa

26 **CAPÍTULO I** **Ordem natural**
A conexão com algo maior

30 **ORDINAL I** **Intenção correta**
1ª FAGULHA Para orientar a intenção
2ª FAGULHA Entre trilhos e trilhas,
qual é a sua intenção?
3ª FAGULHA A lição do arqueiro
4ª FAGULHA Então, para que serve
mesmo um propósito?
5ª FAGULHA O impulso virtuoso
6ª FAGULHA O erro de Darwin
7ª FAGULHA Entre a carência e o desejo
8ª FAGULHA A vida como aventura fértil
9ª FAGULHA Quando a intenção é de todos
10ª FAGULHA Por escrito, por favor!

66 **ORDINAL 2** **Percepção correta**
11ª FAGULHA Corrija a seta!
12ª FAGULHA Do aqui e do acolá
13ª FAGULHA Para aprender mais e melhor
14ª FAGULHA Enxerga melhor quem se
distancia

15ª FAGULHA O que nos leva adiante e o que nos paralisa
16ª FAGULHA Discernimento para encontrar a justa medida
17ª FAGULHA Tornar-se humano
18ª FAGULHA Você tem olhos para a beleza?

92 **ORDINAL 3 Relação correta**
19ª FAGULHA O toque de Midas
20ª FAGULHA Imagine, sem fantasiar
21ª FAGULHA Afeto sim, afago não
22ª FAGULHA O inferno não são os outros
23ª FAGULHA Saiba nadar contra a maré
24ª FAGULHA Onde Deus entra nessa história?

114 **ORDINAL 4 Conexão correta**
25ª FAGULHA A chama dispersa
26ª FAGULHA Chamados existem para todos o tempo inteiro
27ª FAGULHA Aonde mesmo você quer chegar?
28ª FAGULHA Suas aversões contêm mensagens
29ª FAGULHA Quem é o seu patrão?
30ª FAGULHA Torne-se refém
31ª FAGULHA Faça do seu trabalho uma bênção

140 **ORDINAL 5 Ação correta**
32ª FAGULHA Pode não ser essa gravata o que sufoca
33ª FAGULHA Eternize o que é bom

34ª FAGULHA O paradoxo do aqui e do acolá

35ª FAGULHA É dando que se recebe

154 **CAPÍTULO 2 Fora da ordem**

36ª FAGULHA Saiba quem nos leva para fora da ordem

37ª FAGULHA O antídoto está no veneno

38ª FAGULHA Designe-se em vez de resignar-se

39ª FAGULHA Aniversário digno de comemoração

40ª FAGULHA Abaixo a ingenuidade!

41ª FAGULHA Quem você pensa que é?

178 **CAPÍTULO 3 Rosalina**

Faísca

42ª FAGULHA Lições da natureza

43ª FAGULHA Pratique a equanimidade

44ª FAGULHA A suprema busca: ser humano

45ª FAGULHA Onde está a novidade?

O método da Contemplação de Rosalina

200 **Epílogo**

Minha estrela áurea

Naturalmente

Agradecimentos

Referências Bibliográficas

PREFÁCIO

De faíscas e fagulhas

Todos nós almejamos brilhar – na vida, no trabalho, nos negócios. Queremos fazer alguma diferença, contar uma história capaz de ser lembrada, como inspiração, até quando não estivermos mais no planeta. Temos um núcleo incandescente que, como as brasas de uma fogueira, tanto se aquieta escondido sob uma leve camada de cinzas, como recupera a força e se expande, aquecendo e iluminando o entorno.

O que acende a sua chama?

O que a faz brilhar, iluminar?

Que tipo de faísca é capaz de incandescer uma chama diminuta?

Qual é a fagulha muito ousada e que ajuda a chama a crescer?

Será que existe um lugar/espaço/tempo/estado que garanta a você o sucesso em suas escolhas, soluções de problemas, decisões tomadas?

Pensamentos como "eu não compreendo" ou sentimentos do tipo "eu não consigo" sempre surgem no caminho. São muito humanos, portanto normais, mas acrescente a eles a palavra ainda. Vai perceber uma sutil, porém decisiva diferença.

Ainda é o mesmo que "até agora" ou "até o presente momento". Coloque no lugar de cada uma dessas afirmações um tanto desalentadoras, uma outra: "enquanto isso". Para abrir as perspectivas. É aí que Chamamentos entra em cena, inspirando, elucidando, provocando, ou seja, enquanto a chama *ainda* não atingiu a sua justa medida, capaz de iluminar você e seu entorno.

Chamamentos oferece faíscas e fagulhas com imenso potencial de acender as brasas em descanso. São como janelas de oportunidades que só se abrem quando os olhos estão preparados para ver. Cada uma delas é um estímulo para que você não dependa do imponderável destino, mas assuma a autoria de seu próprio desígnio. Para ganhar potência, energia, vitalidade e competência no exercício desse projeto que é, em si mesmo, um chamado: a vida.

Lembre-se: *ainda* é como um enquanto isso para quem reconhece que a vida é projeto. Sigamos juntos. Passo firme, direção certa, semblante leve, alegria permanente.

INTRODUÇÃO

"Faça da sua vida uma aventura fértil."
VELHO TAFUL

Uma história recente

Para compartilhar com você a inspiração e a intenção deste *Chamamentos*, vale recuar um pouco no tempo. Tudo começou com o livro *O velho e o menino*, que veio ao mundo em outubro de 2017. Naquele momento, eu não sabia o que se seguiria à obra, estendendo-se por todo o ano de 2018. Milhares de leitores se animaram a fazer o mesmo percurso do protagonista Aladim, orientado pelo Velho Taful, marcante personagem, que eu conheci – em carne e osso – na juventude, durante um trajeto de ônibus pela Pauliceia.

É notável como cada pessoa que faz a peregrinação de Aladim – já conversei com muitas – vivencia uma tomada de consciência a partir de aspectos muito individuais. Seu campo de visão se amplia e sua percepção se refina, em razão da trilha proposta. E o que conta é exatamente isso: a consciência, em lugar das ilusões.

A expansão da consciência é a única mudança verdadeira que pode acontecer em nossas vidas, acredite. Não há outra forma de seguir adiante, com um novo jeito de ver o que nos cerca e de viver a realidade, não a fantasia.

O desafio de *O velho e o menino* é que o leitor descubra o seu propósito, dando direção e sentido a esse projeto conhecido como vida. Sem um propósito, sua existência corre o risco de ser apenas uma rota de fuga, um trajeto sem direção nem sentido. Mas, com um propósito, a vida é um rito de busca, feito de grandeza, dignidade e alegria. Uma celebração bem merecida.

Saiba, antes de mais nada, que um propósito não é algo a procurar, mas sim que você descobre. Aparece quando tem de aparecer. E, quando surge, traz uma série infinita de ganhos, de grandes avanços, porque é possível experimentar perspectivas diferentes daquelas a que se acostumou. Também ajuda a diminuir os pontos cegos que impedem ou limitam você de enxergar quais são seus verdadeiros desejos, permitindo que tenha uma nova consciência, sem jamais voltar ao estágio anterior.

Vamos devagar, porque o conceito é amplo e bem diferente do que você se acostumou a ter pela frente. Vale recapitular ponto por ponto. Então, o propósito aparece, quando tem de aparecer, mas só para quem está preparado e escolhe fazer da vida uma viagem de peregrinação, não turística.

Qual é a diferença? Enquanto o turista caminha ligeiro e distraído, muitas vezes concentrado em fazer fotos no celular, ou mesmo em conferir suas mensagens, preso a tudo que bem conhece e alheio ao desconhecido bem diante de seu nariz, o peregrino desfruta a caminhada como um eterno aprendiz. Presta a maior atenção no que é novo e em tudo que se renova, enquanto deixa as marcas de suas pegadas impressas no chão. Lembra, o tempo todo, que a jornada sempre vale a pena, quando vivida com muito interesse e entusiasmo.

Esse processo de peregrinação foi inspirado justamente em *O velho e o menino* e recebeu o nome de *Chamamento*, porque se refere ao aumento da chama interna que cada um de nós tem e que é capaz de se conectar com um chamado externo.

O *Chamamento* guarda um segredo, que agora vou compartilhar com você: evoca ou faz com que nós nos lembremos de uma ordem natural, quando, inadvertida e equivocadamente nos desviamos do que está fora da ordem.

Acredite, há muita gente fora da ordem, em grande dificuldade de se conectar com seus próprios desejos, com os bons chamados. Assim, é pouco provável que consiga descobrir qual é seu verdadeiro propósito.

Quando você colocar sua vida em um fluxo virtuoso, tudo mais vai se ajustar e se expandir de maneira positiva: a família, o trabalho, os negócios.

Mas, existe mesmo uma ordem natural?

Uma incursão ao passado

A busca por uma ordem natural não é de hoje. Para saber como é que acontece, vamos fazer uma breve viagem na história da humanidade. Voltemos 2.500 anos atrás, na Grécia Antiga.

Entre 570 a.C. e 495 a.C. viveu o filósofo e matemático Pitágoras. Ele é mais conhecido por seu teorema – a soma dos quadrados dos catetos corresponde ao quadrado de sua hipotenusa –, que os alunos acabam decorando na escola, geralmente sem entender muito bem para que serve. Mas o sábio grego foi muito além do que o tornou tão famoso. Em seus estudos e pesquisas, procurava a harmonia entre a alma e o cosmo, o Universo.

Concentre-se, agora, nas descobertas de Pitágoras, mesmo que a matemática dos tempos escolares tenha lhe causado traumas. Ele foi um profundo observador da estrutura do corpo humano, a ponto de notar a existência de um padrão comum. Seus achados continuam valendo, de tão precisos! E chegaram ao que é chamado de número de ouro ou número perfeito.

Pitágoras percebeu que se você medir o braço inteiro e dividir pelo tamanho do cotovelo aos dedos, o resultado é

1,618. O padrão se repete nas relações entre os ossos dos dedos da mão, a falange, a falanginha e a falangeta. Na perna, também: divida o comprimento dela pelo que vai do joelho até o chão, e vai chegar a 1,618, de forma semelhante ao que acontece com a altura do crânio dividida pela da mandíbula até o alto da cabeça.

Há um intrigante mistério nessas descobertas, mas o padrão que Pitágoras encontrou não se limitava ao corpo humano. Ele foi precursor do chamado "retângulo de ouro", de acordo com o qual a extensão maior da figura geométrica dividida pela menor resulta em 1,618.

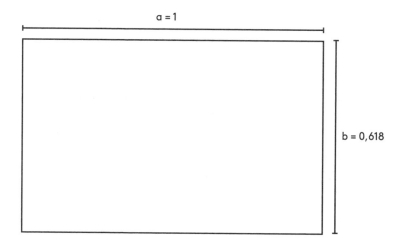

O escultor, pintor e arquiteto grego Phidias, que viveu de 500 a.C. a 430 a.C., utilizou o retângulo de ouro em suas obras, o que pode ser comprovado ainda hoje no que restou do Parthenon, em Atenas. Por essa razão, a matemática ensina que a proporção 1,618 é o resultado da equação:

$$\frac{a}{b} = \frac{a+b}{b} = 1.618033987 = \Phi = \text{Phi (de Phidias)}$$

Assim, o "número de ouro" caracteriza a "medida áurea", a "razão áurea" ou a "proporção áurea" também denominada de "proporção divina", encontrada, por exemplo, nas pirâmides do Egito. A ciência comprovou que cada pedra desses monumentos é 1,618 menor do que a da fila de baixo. Não por acaso, as laterais das pirâmides são "triângulos de ouro".

Phidias não foi o único fã da proporção áurea, igualmente celebrada pelos filósofos Platão e Euclides, que a descreve na sua obra "Os Elementos", em 300 a.C.

Séculos depois, ao estudar o crescimento das populações de coelhos, o matemático Leonardo Fibonacci, que nasceu em 1170, na cidade italiana de Piza, desenvolveu o que ficou conhecido como a Série de Fibonacci:

0, 1, 1, 2, 3, 5, 8, 13, 21, 34, 55, 89, 144... e por aí vai. Se não for uma pessoa apaixonada pela Matemática, você pode estranhar a sequência, mas fique sabendo que a média da proporção de crescimento é nada mais, nada menos que... 1,618. Parece uma simples coincidência? Vejamos.

Se for disposta em retângulos de ouro, a Série de Fibonacci apresenta uma espiral logarítmica, encontrada na forma de vários elementos da natureza: o caracol, o girassol, a couve-flor e o repolho, o furacão e até a formação das galáxias. É o que se conhece por "espiral áurea", presente em folhas de plantas (o broto da samambaia, por exemplo), nas pétalas de uma flor, nos galhos de uma árvore, na geometria dos cristais, nos compostos químicos e até nas moléculas de DNA.

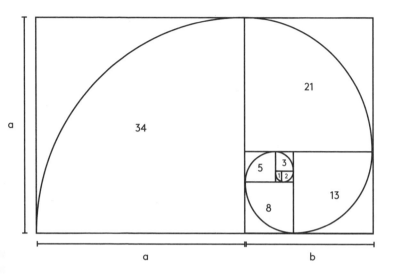

A relação entre a proporção áurea e as artes derivaria de um livro escrito pelo frade franciscano, Luca Pacioli, que nasceu e viveu na Itália, de 1447 a 1517. Ele também inventou o método das partidas dobradas, usado até hoje na ciência contábil. Sua obra, a "De Divina Proportione", foi escrita no século 16 e ilustrada por seu amigo pintor, escultor, arquiteto, cientista, inventor, entre outras atividades, Leonardo da Vinci (1452 a 1519). Séculos depois de Pitágoras, Da Vinci criou as obras-primas Mona Lisa e a Última Ceia, tomando como base as divinas proporções.

Ciências e artes se inspiraram na "medida áurea". É possível ir além?

A ordem natural

Voltemos a Pitágoras. Além da anatomia, arquitetura e artes, seus estudos influenciaram também a música (foi ele quem descobriu a escala musical de sete notas), a astronomia, a política e a espiritualidade. Deparou-se, ainda, com a proporção áurea no pentagrama, a estrela de cinco pontas.

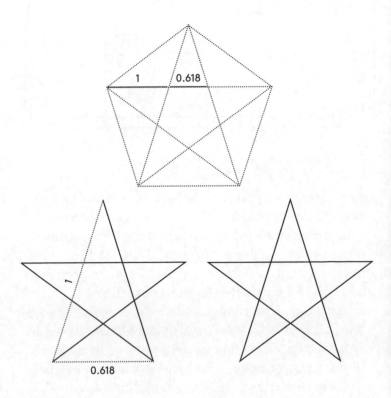

Assim como os filósofos de sua época, Pitágoras buscava a perfeição, a suprema beleza, o segredo da própria criação. E se a gente, aqui, evoluísse da matemática para a metafísica, ou seja, o que está além da física, o conhecimento da essência de tudo? E se nós conseguíssemos substituir o perfeito pelo correto?

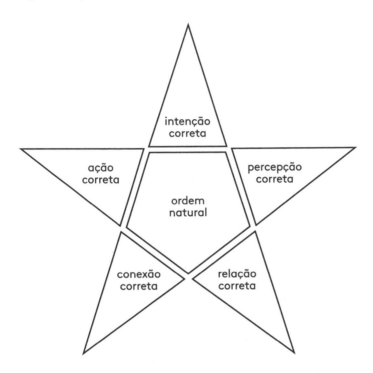

É bom esclarecer o que significa "correta", que adjetiva cada uma das palavras encontradas nas diferentes pontas da estrela. Correto é aquilo que se corrigiu. É muito provável que, antes, havia sido incorreto, mas retomou, fez a conversão, eliminou as falhas e, agora, segue com nova cepa, boa estirpe, índole e caráter, honradez e dignidade. Não é, portanto, a perfeição, mas a busca do perfectível, ou seja, do que se possa aperfeiçoar em nós, para que, assim, nos tornemos humanos.

A chama é a energia vital, aquela que está na origem dos desejos. Quando segue a ordem natural, se amplia-se e transforma-se em propósito, seguindo a trilha correta.

A justa medida

Ainda na Grécia Antiga, bem antes de Pitágoras, viveu o poeta Homero, que nasceu em 928 a.C. e é considerado autor de dois poemas épicos, a Ilíada e a Odisseia. No primeiro, uma legião de heróis é vencida por sua própria cobiça, orgulho desmedido e excesso de virtudes a tal ponto que levava os guerreiros a um completo desvario, chamado de *hybris*, o causador da degeneração. No segundo épico, a Odisseia, o que evita a degeneração ou permite a regeneração é a justa medida, que tem o nome de *díke* – para os gregos ancestrais ela significava a devoção aos deuses e às leis divinas.

A Ilíada representa o que está fora da ordem, enquanto a Odisseia, a ordem natural. Nós ficamos oscilando entre as duas epopeias. Retornar da Ilíada para a Odisseia ou de *hybris* para *díke* é tanto o nosso desafio como o sublime exercício de nos tornarmos humanos.

Vamos tomar emprestada a estrela de cinco pontas de Pitágoras, para transformá-la em Díke, a Justa Medida, a personagem que vai estar a seu lado, agora, ajudando você a entrar e se manter na ordem natural. É ela que tem a palavra para revelar a sua linha de pensamento. Observe seu espectro e leia com toda a atenção que merece alguém disposta a ser sua amiga de peregrinação.

Para começo de conversa

Olá, eu sou Díke, a Justa Medida.

Minha intenção é que você entre e se mantenha na ordem natural. Vai gostar da minha companhia, mas não o tempo todo, admito sem rodeios. Em certas horas, vai querer me ver bem longe, mas é justamente quando deve me manter por perto. Afinal, eu estou aqui não para agradar você, mas para lembrar que existe uma ordem natural, o melhor lugar para que faça as suas escolhas, resolva seus problemas, tome decisões. Espero que até venha a gostar de mim, com o tempo.

Sei que você tem as suas crenças. Aviso desde já: vou colocá-las em xeque. Não será fácil, prepare-se. Acontece que as crenças, em vez de nos libertar, nos aprisionam. São elas que colocam e mantêm você fora da ordem. Então, releve as minhas provocações. Leve-as em consideração. Pense a respeito.

Também vou fazer com que você elimine ou controle o hábito arraigado de avaliar e julgar automaticamente. É uma atitude muito comum, porém não a encorajo, ao contrário! Lembre-se, eu sou a Justa Medida e tudo o que eu quero é que você se livre dos exageros de Hybris, o desmedido.

Estarei com você ao final de cada fagulha (já saberá do que se trata), propondo-lhe algumas reflexões e exercícios para manter a sua chama vibrante. Entregue-se. Desfrute plenamente desse estado de espírito. É novo e surpreendente.

Tudo na mais justa medida!
Díke

E agora, para onde vamos?

Você tem 45 fagulhas pela frente. São textos e reflexões para alimentar a sua chama, cada um deles com acréscimos, provocações, exercícios propostos pela Díke. Vá devagar, degustando cada uma. De preferência, não leia de uma só vez. Recomendo que deixe que o conteúdo descanse aos poucos em sua consciência e a prática sugerida se incorpore aos seus hábitos.

O ideal é que você se dedique diariamente a cada uma das fagulhas. Se preferir, escolha aleatoriamente a fagulha do dia. Assim, serão 45 dias de leitura contínua. Certamente repleta de descobertas. Sei que o costume não é esse, do degustar sem pressa. Por isso mesmo, experimente. Incorpore o novo!

Depois siga em frente, relendo e revendo, aprofundando e contemplando. Aos poucos vai descobrir aspectos não conhecidos de si e de sua companheira de peregrinação.

CAPÍTULO I A ordem natural

*"A única coisa em que acredito são os milagres.
Do resto, tenho dúvidas."*
VELHO TAFUL

Faísca: A conexão com algo maior

Existe uma ordem natural em que a vida flui leve e solta, levando você à plenitude e à harmonia. Diante da ordem natural, os acontecimentos – inclusive os obstáculos – ganham significado. Vai descobrir que existe neles um profundo sentido de propósito. Sentirá que está no lugar certo, na hora certa e fazendo a coisa certa.

Por questões didáticas, o roteiro proposto vai da intenção para a ação, ambas corretas, passando por percepção, relação e conexão. As fagulhas são criadas para incandescer ainda mais a sua chama. De onde ela se erguer, a luz se espalhará pelas cinco pontas de sua estrela. Cada uma recebe o nome de ordinal, referindo-se ao que indica ordem.

Ingressar na ordem natural é tarefa delicada. Exige compromisso, integridade e coragem. Mas as recompensas são infinitas, tanto na vida pessoal como nos negócios.

Dica da Díke

Você pode tomar notas logo após as minhas dicas. Se preferir, use um Caderno de Notas. Escrever à mão ajuda a aflorar os sentimentos e os pensamentos, os quais, de outra forma não se expressariam. Experimente e comprove. Quanto tempo faz que você não se dedica à escrita assim, mais demorada e lúdica, prestando atenção em sua própria caligrafia? Vença a preguiça inicial (sim, porque ela é bem capaz de se apresentar)!

O exercício que lhe proponho é um recurso fundamental para essa peregrinação entre faíscas e fagulhas e que, juntos, faremos à ordem natural.

Faz parte do nosso rito de busca. Batize seu Caderno de Notas com um nome bem sugestivo. Tanto ele como eu somos seus companheiros. Adiante. Temos um belo caminho pela frente.

ORDINAL 1 Intenção correta

"A chave para acessar a nossa fonte interior é a intenção."
VELHO TAFUL

1ª FAGULHA Para orientar a intenção

A vida detesta o vazio, que conduz a desequilíbrios e manipulações. Nele predominam as crenças, as suposições e as superstições. Tudo isso está contido em uma existência oca, sem consistência. Não por acaso, uma série interminável de ocupações e atividades não essenciais costumam preencher o tempo das pessoas, roubando a atenção do foco em que elas deveriam se concentrar.

Nada disso faz sentido, porque a vida requer consistência, que, por sua vez, depende de conteúdo, de centralidade, de eixo. A melhor figura para ilustrar essa necessidade é a do mastro firme que impede o barco de ficar à deriva ao sabor dos ventos e tempestades. A vida precisa de algo que lhe dê firmeza. E que siga uma ordem natural. Nunca é demais lembrar e relembrar.

Tudo começa por uma intenção, ou seja, inclinar-se para a direção certa. Se é o Norte, de nada adianta voltar-se para o Sul. A intenção é o que nos orienta, mas sozinha não preenche o vazio nem conta uma história. É preciso dar o primeiro passo, o mais difícil, o que tira você da zona de conforto, do pijama com chinelos. Deixe a inércia para lá e se movimente. Isso, porém, depende de um impulso chamado desejo e que só acontece quando existe empenho e força de vontade.

Como protagonista do primeiro passo, você terá de lidar com o antagonista de qualquer movimento, o medo. A intuição assopra em um de seus ouvidos: "vá, é isso que você deve fazer". O instinto assopra, no outro: "não vá, está tão confortável aqui, nada de arranjar encrencas".

Nessa queda de braço, só existe um vencedor, o medo ou o desejo. O que for mais forte, portanto. Sabemos que só o desejo tem histórias para contar. O medo, nenhuma que preste, ao menos.

Siga a ordem natural. O desejo é fundamental, mas pode acabar no primeiro estímulo, sem algo que o alimente. Esse algo é o propósito, ou seja, o desejo que ganhou forma e, como um farol, ilumina seus passos cada vez mais corajosos, cheios de vigor. Preste atenção à sutileza: o propósito só começa a tomar forma depois que o desejo supera o medo e dá o impulso para o primeiro passo. Antes disso, fica à espreita, aguardando ser descoberto.

Da intuição para o desejo, do desejo para o propósito. Está aí o rito de busca que segue a ordem natural e é próprio de quem decide não se perder no vazio nem se deixar manipular. A decisão é sua.

A ordem natural é para quem ama a vida e se dispõe a seguir adiante, enfrentando qualquer dificuldade, seja uma chuvinha de verão, uma tempestade ou até um furacão. Se é o seu caso, então aposte no movimento.

Dica da Díke

Olhe só o que eu preparei para você: a "lista dos quereres". Sei que necessidades fazem parte da natureza humana. São infinitas, você bem sabe. E, lembro, eu sou a Justa Medida. Como não tenho o hábito de julgar, elaborei uma relação sem nenhum crivo. Todos são válidos ao objetivo a que se destinam, ou seja, que você encontre e assinale as suas necessidades mais relevantes. Se não constarem de minhas sugestões, acrescente as que faltam, no final. Pegue seu Caderno de Notas e escreva.

prazer	competição	tempo
alimento	segurança	emprego
dinheiro	moradia	espaço
distração	família	boa aparência
entretenimento	casamento feliz	aceitação
excitação	filhos	afeto
economia	conforto	afiliação
eficiência	defesa	amizade
instrução	poupança	apreço
posses	proteção	aprovação
consumo	recompensa	adequação
controle	tranquilidade	atratividade
preservação	saúde	pertencimento
resignação	trabalho	hospitalidade
higiene	fugir dos problemas	romance
lazer		simpatia
liderança	aconselhamento	sociabilidade
lucro	resiliência	desabafo
	sexo	

ternura	elogio	autorrealização
diálogo	estima	autoconhecimento
crítica	fama	beleza
novidade	independência	bem-estar
variedade	popularidade	cultura
oportunidades	prestígio	desenvolvimento pessoal
bom humor	progresso	
despertar admiração	promoção profissional	educação
autoafirmação	ascensão social	liberdade
felicidade	reconhecimento	perseverança
autoconfiança	status	mudança
autoestima	superioridade	participação
curiosidade	liderança	destaque
criatividade	carreira profissional	estar na moda
identidade		realização
atualização	poder	autoridade
respeito	estilo	solidariedade
companhia	orgulho	significado
conhecimento	diversão	disciplina.
	alegria	

*Os medos também fazem parte da natureza humana e geram
necessidades. Assinale as que lhe parecem mais importantes e
acrescente outras, se houver:*

aborrecimento	fadiga	desconforto
dominação	cansaço	doença
dor	ferimento	fracasso
esforço	fome	dúvida

perdas	ofensa	perda de reputação e/ou de influência
preocupação	agressão	
pressão	conflito	fracasso
problemas	desintegração	irresponsabilidade
depressão	retaliação	inércia
rejeição	ansiedade	falta de libido
inadequação	tédio	perda de patrimônio.
ridículo	tristeza	
retaliação	exibição	
embaraço		

Por enquanto é isso e está de bom tamanho. Pense a respeito.

2ª FAGULHA Entre trilhos e trilhas, qual é a sua intenção?

Prazer? Ser feliz? Encontrar significado? Qual é a sua intenção? Qual é a sua busca? Lembre-se, porém, que ao escolher as trajetórias, existem trilhos e trilhas. São caminhos diferentes.

Para o prazer, existe um trilho bem visível e alardeado o tempo inteiro pela mídia. Está aí, flagrante e disponível, para quem quiser passar, sob o som de cornetas e trombones. As promessas estão à disposição de todos, seja nas ruas, a céu aberto, ou no recesso do lar. Aparecem nos outdoors das cidades, nas revistas das bancas de jornais, nos comerciais e na maioria dos programas da televisão, nos filmes, nas redes sociais e em nossas caixas de e-mails. Não tem como errar! É fácil encontrá-lo e acessá-lo. Sem sacrifícios.

A felicidade exige um pouco mais de esforço. É preciso ter renda para conquistá-la. Depende de grana – e muita – para financiar os sonhos de Cinderela e os luxos da rapaziada. Roupas de grife, festas com drinques sofisticados, carros diferenciados e casas milionárias, praias e montanhas do circuito reservado aos famosos, viagens e diversões exclusivas. Seduzidos pelo *american way of life* e influenciados por esse padrão considerado próprio de quem é altamente bem-sucedido, muitos seres humanos correm freneticamente atrás de tudo isso. Mas como dinheiro não nasce em árvore, os sonhadores têm de se preparar para obtê-lo em infinita quantidade, o que pode acontecer bem cedo, por influenciar até o tipo de escola onde estudar, já definindo inclusive a profissão e o emprego que melhor assegurem o ansiado destino.

"Trabalhe e gaste" é o mantra para essa busca. Quem tem pressa, pode até seguir alguns atalhos. Como diz – sabiamente – um velho amigo, dinheiro dá trabalho ou dá cadeia. O trilho nem sempre é o mesmo.

Significado é busca de outra estirpe. Para começar, não se chega a ele por trilhos, só por trilhas. E não há uma trilha comum a percorrer. Faz parte do desafio descobrir qual e a sua. E o mais curioso: a trilha depende do passo. Sem dá-lo, a trilha não se apresenta.

Não é nos trilhos da vida que o significado está à nossa espera. Já traçados, existem justamente para nos distrair das trilhas. São comuns – e aqui essa palavra tem um significado bem mais amplo do que o corriqueiro. Como são percorridos por muita gente, não é neles que vamos encontrar o que tem relevância para cada um de nós. O significado só será descoberto quando você estiver em sua própria trilha, aquela que lhe foi designada.

Importante: a ordem natural serve como baliza à trilha de cada um. Significado depende de um propósito. E o propósito se apresenta onde houver desejo, intenção, imaginação e esperança. Tudo isso lhe será dado, caso não se afaste da ordem natural.

Esse é o rito de busca.

Dica da Díke

Pegue seu Caderno de Notas e aprecie o que extraiu da "lista dos quereres". Se algumas necessidades estiverem mais na rota de fuga do que no rito de busca, não as despreze. Elas podem oferecer as pistas que vão levar você à ordem natural. Correto é o que se corrigiu, fez a conversão, retomou o caminho – lembre-se. Então, mesmo o que está no sentido inverso ao da busca ou fora da ordem pode oferecer uma boa pista para identificar o seu desejo, aquele que vai levar você ao propósito.

Examine com carinho as intenções encobertas ou ocultas e imagine-as como necessidades fora da ordem, ou seja, na rota de fuga, mas capazes de se converter à ordem natural.

3ª FAGULHA A lição do arqueiro

Sempre é bom refletir: para que serve um propósito? Compreender a sua importância, lembrando e relembrando, orienta a intenção. Então, vamos lá.

Serve para realizar-se no mundo, dirão alguns. E tal realização pode ser passar em um exame, ganhar uma medalha, escalar uma montanha, casar e ter filhos. O propósito é sempre um alvo a alcançar. A crença é de que essa realização vai gerar um sentimento de felicidade.

Na sociedade em que vivemos, é considerado um bom propósito aquele que impulsiona alguém a acumular coisas. Quanto mais você tiver, mais feliz será. De acordo com esse entendimento, a medida do propósito é o consumo – e incessante, uma vez que sempre surgem novidades para comprar. Basta finalizar uma aquisição para incentivar a procura de outra.

Existem, de maneira consciente ou não, propósitos de vários tipos. Há quem veja o propósito, em vez de um lugar para chegar, como a própria caminhada. O processo é, então, mais valorizado do que a chegada.

Outros, no entanto, nada ambicionam. Algumas vezes, por medo, seja do fracasso ou até do sucesso. O verbo ambicionar não lhes soa bem, então lhes parece que seguir a vida de modo simples e honesto já é um propósito de bom tamanho.

Qual é mesmo a sua intenção?

O objetivo do arqueiro é acertar o alvo e, para tanto, ele treina incansavelmente até conquistar o domínio no manejo do arco e da flecha. Seu propósito é, portanto, mais amplo do que parece. Considere a lição do arqueiro: propósito é tanto o alvo, um lugar para alcançar, como o direcionamento da seta, o processo para chegar lá.

A ambição faz parte dessa história. Sem ela, evita-se ou adia-se o primeiro passo. E o primeiro passo é aquele que dá melhor visibilidade ao alvo, enquanto se ajusta o sentido da seta.

À medida que vão sendo aperfeiçoados, burilados, os desejos se transformam em propósito. Percebe-se que, em um nível mais profundo, o verdadeiro propósito não é descoberto no nível do aqui, mas do acolá. Entenda por aqui o que é mais visível, tangível, concreto. Por acolá, o que não é visível nem tangível, mas sim, abstrato. É, portanto, mais imaterial do que material.

A lição do arqueiro realça, ao mesmo tempo, tanto a seta como o alvo, ora afinando o alvo, ora refinando o sentido da seta, interminavelmente. Tal exercício, por si só, já é um rito de busca.

Dica da Díke

Retorne às suas necessidades da "lista dos quereres" mais uma vez. Pense como um arqueiro. Imagine cada uma delas como alvo, mas também como seta. E faça algumas indagações – certamente vão aparecer, de improviso. Escreva cada uma delas, bem como suas respostas, no Caderno de Notas. Pode acrescentar outras, como as que se seguem.

Uma vez atingido o alvo, a seta continua tendo alguma serventia? A história termina por aí ou segue um desejo diferente?

Existe outro alvo que mantém a seta viva e atuante? Se a resposta for positiva, qual é esse outro desejo?

É mesmo necessário o anterior para eleger esse como primordial? E o que viria depois?

Repita o exercício mais cinco vezes, depois da primeira. O resultado esperado com essa prática é um mergulho mais fundo, que permita a você aproximar-se do desejo primordial.

Vale a pena!

4ª FAGULHA Então, para que serve mesmo um propósito?

Se a sorte está posta no destino, não há necessidade nenhuma de um propósito. Sim, porque se tudo já está determinado, um propósito é algo impertinente, sem razão de ser. Para que serviria, se a vida não tem sentido, como muitos acreditam? Menos ainda para quem crê na providência divina, creditando tudo a um ser superior concentrado em movimentar suas marionetes.

Mas, ao contrário desse rosário de crenças e descrenças, o propósito pode ser salvador. Num mundo turbulento e fora da ordem, como esse em que vivemos, pode nortear, oferecer um senso de orientação e paz de espírito para que possamos continuar comprometidos e mais confiantes na sublime experiência chamada vida. Mesmo para quem acha que a existência não tem sentido, vale sugerir que alguém lhe dê sentido. Ninguém melhor do que o seu descrente protagonista. E como a aposta é na ordem natural, é bom dar uma ajudazinha, aproximando-se dela.

No escritório de casa tenho um quadro que me acompanha há anos, com uma frase do escritor alemão Johann Wolfgang Goethe: "Qualquer coisa que você for fazer ou sonha fazer, comece. A coragem traz consigo gênio, poder e magia. Comece agora!". Fui atrás do texto completo, também mais profundo. Os acréscimos são providenciais para sua total compreensão:

"Todos os atos de iniciativa e criação têm uma verdade elementar, e ignorá-la mata incontáveis ideias e planos esplêndidos." (Essa verdade elementar é a confiança na força de um propósito.)

"No momento em que a pessoa realmente assume um compromisso, a providência também se põe em movimento." (Um propósito é a "ajudazinha" que cada um pode dar à providência.)

"Todos os tipos de coisas acontecem para ajudar a pessoa, coisas que nunca teriam acontecido de outra forma." (Esse mesmo fenômeno que Goethe identificou, mais tarde foi denominado de sincronicidade, pelo psiquiatra e psicoterapeuta suíço Carl Jung. Segundo o autor, sincronicidades são acontecimentos que ocorrem por relação de significado, não por relação causal.)

"Toda uma corrente de eventos resulta da decisão, gerando em seu favor todos os tipos de encontros e incidentes imprevistos, e ajuda material, que ninguém sonharia que pudesse estar em seu caminho." (A sincronicidade em movimento.)

Comece a prestar atenção nas sincronicidades. Se Pitágoras tivesse tratado a descoberta da proporção áurea como mera coincidência, não teria desenvolvido tudo o que, depois, se seguiu nas ciências e nas artes.

"Seja qualquer coisa que você for fazer ou sonha fazer, comece. A coragem traz consigo gênio, poder e magia. Comece agora!".

Um propósito é uma declaração de amor pela vida. E amor é decisão e compromisso. Então, sem mais delongas, comece já!

Dica da Díke

Você já pensou em telefonar para alguém e essa pessoa inesperadamente ligou para você, antes que tivesse tempo de chamar o número dela?

Você já se atrasou para chegar a um encontro, antevendo mais demora por causa do trânsito, e, inexplicavelmente o caminho se abriu de maneira a garantir sua pontualidade?

Você já precisou de dinheiro e aquela exata quantia chegou a suas mãos de uma fonte inesperada?

Você descobriu uma palavra nova, mal sabendo na hora o seu significado, e eis que ela começou a aparecer, casualmente, em diversos textos e conversas?

Você pensou em uma pessoa e eis que a encontrou inesperadamente em um lugar improvável e distante ou incomum?

Você precisou de um objeto perdido e até já rezou para São Longuinho pedindo ajuda, quando a coisa surgiu de volta, de forma inesperada?

Você já vivenciou uma série de sincronicidades e todas elas confirmam a sua intenção?

Você esteve no lugar certo e na hora certa para ajudar alguém em apuros ou recebeu o auxílio de que precisava oferecido pela pessoa mais adequada à situação e que ali estava por aparente acaso?

Você atravessou uma crise ou enfrentou obstáculos para descobrir, depois, que foi o melhor que podia ter acontecido em sua vida?

Você já elaborou uma pergunta para sua própria reflexão e, sem esperar, a resposta lhe chegou de fora, ouvindo um noticiário ou na conversa com pessoas desconhecidas, que estivessem a seu lado no transporte público ou na mesa mais próxima do restaurante?

Você presta atenção em coincidências significativas ou acredita que sejam meras casualidades?

Nem toda sincronicidade é favorável. Não podemos dizer que aquele indivíduo que caminha na calçada no exato momento em um vaso despenca da marquise e cai sobre a sua cabeça goza de boa sorte. "A boa ou a má sorte são como bananas, vêm em cachos", diz o ditado. Fora da ordem, a sincronicidade também se expressa.

Na ordem natural, ela recebe outro nome: serendipidade. Não se assuste com a palavra. Serendipidade é como um feliz acidente. Quando ocorrer, não a despreze, nem a trate meramente como uma feliz coincidência. Observe a relação com a ordem natural. E registre no seu Caderno de Notas.

5ª FAGULHA   O impulso virtuoso

Albert Einstein, o genial cientista, foi perseguido pelo governo americano durante vinte e dois anos. O FBI (*Federal Bureau of Investigation*) grampeou o telefone dele, vasculhou suas correspondências e até as latas de lixo da casa onde ele morava. Nada encontrava, mas também não desistia de achar indícios ou provas das suspeitas levantadas contra ele.

Constava na ficha policial do físico teórico alemão que ele seria filiado a trinta e quatro frentes comunistas, no período de 1937 a 1954. O conjunto de supostos antecedentes e a desconfiança de que fosse um espião de Moscou, em plena Guerra Fria, impediu o cientista ser considerado um cidadão americano. Jamais obteve a almejada cidadania, embora as autoridades tenham permitido que morasse indefinidamente no país.

Em seu prontuário havia a acusação de que ele teria inventado um raio exterminador e um robô capaz de ler a mente humana. Diante de tal poder, era considerado alguém de alto risco. Ele negava, sempre procurando manter-se longe de holofotes. Mesmo assim, sem comprovar as suposições, nunca lhe deram sossego.

Não foi poupado sequer depois da morte. Quem continuou vasculhando seus mistérios foram seus colegas cientistas. Simplesmente fatiaram seu cérebro em duzentos e quarenta pedacinhos à procura de algo que pudesse explicar a sua genialidade.

Tanto o governo americano, via FBI, como seus pares podiam ter acreditado no que Einstein sempre dizia, na singela tentativa de explicar o que o diferenciava: "a única coisa anormal que tenho é a minha curiosidade".

Trocando em miúdos, vale justificar a razão que me leva a compartilhar essa história. Albert Einstein não era um ser de fuga, mas um ser de busca, movido por sua incansável ânsia por respostas às suas próprias indagações. Era, portanto, semelhante a outro gênio da humanidade, com o mesmo virtuoso impulso para a busca: Leonardo da Vinci. Deste, é a frase que deixa bem clara sua inclinação: "aprender é a única coisa de que a mente nunca se cansa, nunca tem medo e nunca se arrepende". Daquele, a instigante, mas inquestionável afirmação: "a curiosidade é mais importante que o conhecimento".

A curiosidade é o impulso virtuoso, sem ela não existe aprendizado; sem aprendizado, não há conhecimento.

Dica da Díke

Como você define a sua curiosidade? Você já parou para avaliar qual é o grau dela?

A sua intenção está mais para uma viagem turística ou peregrina? A pergunta vale para todo o tipo de viagem, seja de caráter geográfico ou pelas veredas da ordem natural. Saiba que a intenção muda por completo a experiência.

Aprofunde suas vivências. E registre suas impressões e respostas em seu Caderno de Notas.

6ª FAGULHA O erro de Darwin

Em 1859, foi publicado um dos livros mais polêmicos de toda história da humanidade: *A origem das espécies*. Seu autor, o naturalista britânico Charles Darwin, apresentava a Teoria da Evolução, mostrando que a diversidade biológica é resultado de um processo de descendência com modificação, tal como acontece com os galhos de uma grande árvore. Ele acreditava que nós, os seres humanos, somos semelhantes a um desses ramos, de onde também vieram os outros animais. Um gato, por exemplo, nasce gato e morre gato. Seu destino está traçado, programado para assim permanecer ao longo da vida.

O erro de Darwin, apontado depois em diferentes discussões científicas, foi desconsiderar um aspecto que nos faz diferentes de todas as outras espécies. Somos seres de desejo, os únicos na face da Terra capazes de forjar um propósito. Podemos transformar nossos desejos em propósito. Assim, ao longo da vida nos tornamos mais e mais humanos, a depender de nossas escolhas.

O propósito pode mudar uma tendência à mesmice e à inércia, de submissão ao medo. Por isso existem tantas histórias de superação, conquistas e vitórias de homens e mulheres, cujas trajetórias seriam banais, não fosse o poder de seus desejos e a força de seus propósitos.

Darwin até pode ter razão, a considerar a consciência dos homens. Se acreditarem no destino, sua sina será como a dos outros animais, ou seja, viver de acordo com uma suposta programação ou determinação, da qual não podem escapar. Mas se apostarem no desígnio – e pensar o contrário foi o erro de Darwin – não se submeterão a nada pré-determinado, até porque é uma falácia, um engano. Podemos e devemos usar nossa liberdade para criar o mundo que quisermos.

Na verdade, não nascemos humanos, nós nos tornamos humanos ao desenvolver muitas dimensões e descobrir inúmeros potenciais. A cada desafio, estamos nos criando e recriando. Continuamente.

Dica da Díke

Quantos animais de cada espécie Moisés levou na arca?
Se você respondeu dois, ou seja, um casal, você errou a resposta. Moisés não levou nenhum animal na arca. Quem cumpriu essa tarefa, de acordo com a Bíblia, foi Noé.

Não se chateie, você não é a única pessoa que resvala na "ilusão de Moisés". Quando se responde no piloto automático, sem prestar atenção nos detalhes da pergunta, cometem-se vários erros desse tipo. É como se a pessoa estivesse programada a realizar certos movimentos contínuos e imutáveis, a exemplo dos insetos que fazem a mesma coisa todos os dias.

Como humano, você não tem de aceitar nenhum tipo de programação. Este, aliás, é o desafio a superar!

Experimente viver o dia de hoje fora do piloto automático. Faça um percurso diferente de casa para o trabalho, sente em lugar não habitual à mesa, converse sobre um assunto novo mesmo que não o domine, ao higienizar os dentes segure a escova com a mão esquerda, se for destro, ou com a direita, se for canhoto etc. Dê uma sacudida em seus hábitos. Provoque-se! Altere seus movimentos costumeiros.

7ª FAGULHA Entre a carência e o desejo

Legado é algo a ser transmitido às próximas gerações, de acordo com o intelectual brasileiro Antônio Houaiss, autor de um brilhante dicionário, entre outros feitos. De alguma forma, queremos ser lembrados – bem, de preferência – e tememos cair no esquecimento. No fundo, para além daqueles que apenas lutam para sobreviver e "sair vivos dessa", almejamos mais do que uma vida irrisória. Temos a esperança de que nossas obras sejam perenes, porque assim, mesmo ausentes do planeta, seremos imortais.

É um anseio tranquilamente realizável. Se pensarmos com clareza, vamos deixar para as gerações futuras aquilo que fizermos com os nossos desejos. Eles garantem que a gente não seja esquecida.

Constate por si. Tantos seres humanos passaram pela vida sem nada legar, ao contrário daqueles que fizeram história e têm suas pegadas bem visíveis para todo o sempre. Quem as deixou, tão marcantes, foram os seres de desejo. Transformaram esses desejos em propósitos, de maneira que a marca de seus passos permanece cravada no chão da eternidade.

A carência é transitória, ao contrário do desejo, que é permanente. De ambos não nos livramos. Se a carência cresce, o desejo se contrai. Mas se é o desejo que se expande, a carência se retrai. Uma verdadeira queda de braço, um jogo sobre o qual precisamos estar conscientes. O fato é que ninguém conta uma boa história movido por suas carências, porque estas deixam apenas rastros que qualquer brisa passageira varre. Desejos, sim, contam histórias e deixam pegadas que se perpetuam, depois que seu autor não mais existe.

O desejo é tanto um impulso como uma energia. Precisamos alimentá-lo e deixar que nos transforme em seres de busca. Tal procura é o que nos leva a seguir adiante. Essa caminhada nos faz sentir vivos. E a vida é o nosso principal projeto, enquanto aqui estamos.

Todos somos transitórios, como mortais, mas eternos, a partir do desejo. Que ele se perenize em um propósito capaz de deixar boas e inesquecíveis pegadas.

Afinal, é o que está designado.

Dica da Díke

Carência e desejo são faces da mesma moeda. No entanto, um lado nos coloca para fora da ordem. O outro, nos remete à ordem natural.

Cara ou coroa?

Trata-se de orientar a intenção, não de jogo ou de sorte ou azar. Carência e desejo nos colocam em movimento, mas para sentidos contrários.

É bom reavaliar as suas necessidades e estimar até onde elas podem levar você. Verifique o lado da moeda. Cara ou coroa? Carência ou desejo? Mesmo se for uma carência, como fazer para transformá-la em desejo?

Lá vai a dica: carência é o que lhe falta, algo que você precisa preencher. Desejo é o que lhe farta, algo que você tem para oferecer.

Consulte seu Caderno de Notas e avalie a "lista dos que-reres". Sem pressa e praticando a curiosidade.

8ª FAGULHA A vida como aventura fértil

Tem gente que acha que vai sair caminhando por aí e, de repente, não mais que de repente, acabará tropeçando em seu propósito. Não é assim, portanto melhor tirar o cavalinho da chuva.

Quem acredita nesse tipo de "acaso" tem mentalidade de destino. Jura de pés juntos que tudo já está traçado e sobre isso nada mais pode ser feito. É um jeito fatalista de pensar. Faz com que a pessoa caminhe a esmo, como a esmo caminha boa parte da população, despendendo tempo e energia com o que não precisa, ou pior ainda, com o que não serve nem presta. E, enquanto aposta no destino, o propósito passa ao largo, restando ao determinista viver em uma espera sem fim. Talvez por isso os caixões de defunto sejam tão pesados. O moribundo vai dessa para outra levando consigo o propósito que não conseguiu colocar para fora durante a sua existência, exatamente por procurá-lo fora, enquanto dentro de si se encontrava.

Propósito é acessível a todos, essa é a boa notícia. E todos possuem no coração um lugar reservado para o propósito. É no coração que mora o desejo, aquele embrião a partir do qual o propósito vai se desenvolver. Mas, para que isso aconteça, é preciso que haja uma intenção, que, por sua vez, exige uma busca.

É bom compreender que o arcabouço, ou o alicerce, já está instalado. Nesse sentido, não existem afortunados e desafortunados. Ainda assim, o propósito só vai se apresentar para aqueles que estão à procura dele. Quem tem a mentalidade de destino, mesmo com recursos, é impedido de alcançar o propósito, só disponível a quem tem mentalidade de desígnio, ou seja, a quem está prevenido, preparado e disposto.

Diferentemente do determinista, que leva a vida como turista, o designado anda como peregrino. Atento, a tudo repara, com os ouvidos e olhos aguçados, interessado ao mesmo tempo tanto em seu mundo interior como no exterior. É aí que, no momento certo, algo vai acontecer: uma conexão que transforma eventos sem relevância em um enredo significativo, claro e compreensível. Algo que invade o designado com enlevo e entusiasmo a ponto de levá-lo a exclamar, entusiasmado: "mas como poderia ser diferente?".

Todos merecem transformar a vida em uma aventura fértil. E que nada mais seja, para eles, tão importante e urgente. Aproveite para refletir a respeito disso, com os elementos que tem até agora.

Dica da Díke

Não venha com essa história de que seu propósito é "o trabalho" ou "a maternidade", limitando-se à profissão ou papel social.

"Minha lista de coisas para fazer é o meu propósito" é outro equívoco muito comum de quem se transformou em uma pessoa tarefeira, abarrotada de coisas a fazer, mas sem ter a menor ideia de para onde essa infinidade de "quefazeres" vai levá-la.

"Um dia vou viver o meu propósito" – dizem algumas, com uma vaga e inútil certeza. Um dia? Quando? Tem gente que adia a vida para depois da aposentadoria. Você acha que faz algum sentido?

"Não sou tão importante para ter um propósito" – podem afirmar outras. E você acha que Lincoln, Mandela, Gandhi, Luther King, Madre Teresa, Francisco de Assis eram, antes de ter um propósito?

"Meu propósito deve ser grandioso e ajudar muitas pessoas". Pode ser que a parte que lhe cabe seja do tamanho de um planeta ou de um país, cidade, bairro, comunidade, não importa. Cada um tem o seu próprio canteiro onde pode cultivar e oferecer seus talentos para embelezar o jardim.

"Um propósito deve ser cheio de sofrimento" – talvez prefiram dizer os que tendem a valorizar a dor como uma espécie de troféu. Muitos seres humanos viveram como mártires, levando à impressão de que o sofrimento é inevitável. O que talvez seja inevitável, no entanto, é a dose de sacrifício que nos faz romper a inércia e dar o primeiro passo. Depois, segue-se a alegria que o propósito oferece.

"Propósito não é para qualquer um" – podem justificar os que ainda não estão dispostos a iniciar o movimento. Propósito é para todos aqueles que o almejam, sondam, investigam, exploram, buscam, perseguem e, por fim, encontram.

As fagulhas vão ajudar você nessa aventura. Concentre-se nelas e continue.

9ª FAGULHA Quando a intenção é de todos

Vários são os dons; diversos, os talentos; múltiplas, as inteligências. Muitas são as atividades, os ofícios, as profissões, as vocações. Se habitamos a mesma moradia, bebemos a mesma água, respiramos o mesmo ar, vivemos o mesmo Espírito, então podemos transformar a Casa Comum, o nosso planetinha, em um lar para todos. Esse é o propósito coletivo.

No lar comum em que moramos, fazemos oferendas particulares, de acordo com a sabedoria ou a ciência. Aquele movido pela fé; este, pela arte. Alguns, com o poder da cura, outros, com a força dos milagres. Há quem se baseie na filosofia e quem se fundamente na energia das palavras. O importante é que cada um, a partir de sua própria e inigualável identidade, diante de um propósito comum, coloque a sua argamassa, contribuindo com a Grande Obra. Sempre sustentada por valores virtuosos, pois as competências em nada resultam, se lhes faltar esse respaldo.

O maior de todos os desafios é outra elaboração, que acontece concomitantemente. Só constrói um mundo melhor quem, antes, se reconstrói, se reinventa. Quem encontra a solidariedade em seu interior, consegue oferecê-la. Quem busca um novo estilo de vida em si, é capaz de estendê-lo aos outros. Quem tem um projeto individual de desenvolvimento baseado em valores humanos, consegue vivê-lo em todas as áreas de sua vida, educando pelo exemplo. Quem vive a prática do próprio cuidado, pode expandi-lo para a Casa Comum, contribuindo para a Grande Obra.

Dica da Díke

As abelhas vivem a ordem natural e a colmeia é uma comunidade bem-sucedida. Seu princípio é o de que tudo é feito para o bem do coletivo.

Cada abelha trabalha e se concentra em produzir uma comunidade que é maior do que a soma das partes.

O princípio funciona perfeitamente na colmeia, na família, na empresa. Esta precisa se transformar em uma comunidade de trabalho, o que só será possível se os desejos se converterem em um propósito comum a todos.

Um propósito coletivo tem a força de elevar desejos e diminuir carências. E você pode oferecer a sua parte nessa delicada arquitetura.

Ah! Antes de concluir, uma curiosidade: sabe qual a proporção de abelhas fêmeas em comparação com abelhas machos numa colmeia?

Resposta: 1.618!

10ª FAGULHA Por escrito, por favor!

– Quem tem um propósito, levante a mão.

Naquele auditório lotado, foi o que pedi aos presentes, ávidos por me ouvir falar sobre o livro que lancei quase no final de 2017. Pela estatística visual, não me pareceu contar com resposta positiva de mais que 10% da plateia, aos quais solicitei:

– Quem o tem por escrito, levante a mão.

Menos da metade daquela franca minoria, nem 5%, ergueu a mão.

Fiz a consulta com base em uma pesquisa semelhante feita com estudantes do último ano da Universidade de Yale, nos Estados Unidos. Vinte anos depois, a instituição resolveu averiguar o resultado da enquete realizada. Constatou que aquele pequeno grupo capaz de redigir seus propósitos, no passado, foi mais bem-sucedido do que o restante de seus colegas. Todos haviam alcançado uma vida mais equilibrada, além de serem pessoas comprometidas e contributivas com a sociedade. Em suma: a minoria valia mais do que a maioria. É justo concluir, então, que tal maioria vai passar a vida ajudando a minoria a alcançar os seus propósitos.

É para ser assim?

Escrevi *O velho e o menino* justamente para que não seja. Antes de mais nada, incentivo o leitor a considerar a importância de um propósito na vida, na esperança de alterar a desproporcional estatística da maioria sem propósito em relação à minoria com propósito. Com isso, seres de fuga – é o que geralmente ocorre com os despropositados – podem se transformar em seres de busca – é o que costuma acontecer com quem tem propósito, algo que se estende a todas as esferas da vida, incluindo o trabalho e a família. Nunca é demais relembrar, para não perder de vista, a importância do movimento.

Na trama, a exemplo do que se passa com o personagem Aladim, provoco o leitor a fazer o providencial exercício de redigir o propósito a partir de seus desejos. Uma prática simples, mas que pode fazer toda a diferença, tal como confirmou a pesquisa feita na Universidade de Yale.

Dica da Díke

Palavras acendem luzes. Aliás, nos tempos ancestrais, as primeiras literalmente foram: "Faça-se a luz". E assim se fez.

Palavras têm poder. São capazes de iluminar os caminhos e os horizontes. Bem escolhidas e elaboradas, oferecem significado e apontam a direção.

Mãos à obra, portanto! Coloque em palavras o seu propósito. Risque e rabisque o seu Caderno de Notas. Escreva e reescreva quantas vezes forem necessárias. Corte aqui, acrescente ali. Altere o que redigiu, modifique a ordem. Depois, refaça. Antes de sucumbir à tentação de achar a coisa muito trabalhosa, pratique. Você vai se surpreender, garanto.

Escrever é um processo criativo. Faça até achar a justa medida e, enquanto trata de encontrá-la, deixe que os significados se consolidem em sua mente e em seu coração.

ORDINAL 2 Percepção correta

"O mundo muda, quando mudam nossas percepções."
VELHO TAFUL

11ª FAGULHA Corrija a seta!

Da intenção para a percepção, ambas corretas, vale retornar ao tema da carência, representando o que falta não o que farta, e do desejo.

A ganância, uma carência em estado avançado, é o impulso de adquirir tudo o que parece que você deseja, mas em verdade carece. É *Hybris*, o desmedido, em ação. E, antes que você tente se esquivar, achando que esse mal do espírito acontece só com os outros, nos quais costumamos vê-la de forma mais clara, examine o seu comportamento. Um pouco mais de comida, um pouco mais de atenção, um pouco mais de afeto e logo reconhecemos a ganância também em nossas atitudes costumeiras.

A carência difere da ganância porque a primeira é uma fome e a segunda, uma grande fome. É apenas uma questão de magnitude. Ambas possuem o mesmo efeito: o de fazer com que a gente se sinta incompleto, com a sensação de que sempre nos falta algo.

A armadilha da carência, que aos poucos nos leva à ganância, está aí: a de, enquanto saciados, nos sentirmos completos até voltarmos à sensação de sermos incompletos. Se esse já é um problema, maior será, à medida que formos aumentando a dose de saciedade, no afã de constituir um estoque que possa nos suprir por mais tempo. Mas ambas, a carência e a ganância, são insaciáveis, um sofrimento sem fim logo após a efêmera satisfação.

A farta – o outro lado da falta, ou da carência – é um recurso consciente para evitar essa terrível armadilha, que nos vitima. Tem o poder de colocar a nossa atenção na contribuição ("o que eu posso oferecer") ao invés da extração ("o que e de quanto eu preciso me abastecer"). E, ao contrário da impressão de incompletude, no caso da farta nós nos sentimos inacabados, com a saudável necessidade de buscar mais conhecimentos, habilidades e comportamentos para tornar mais robustas as nossas contribuições.

A sutil diferença de desviar a seta da ganância do "mais para mim" e direcioná-la para "mais aos outros" também pode mudar o curso de uma vida.

Dica da Díke

O mundo está fora da ordem porque Hybris perdeu a calma. Agora, nem mesmo sabe o que faz com os seus excessos. Aí é que eu entro em cena.

Encontrar a justa medida é um exercício de eliminar os excessos. Aproveite para avaliar os que existem em sua vida e fazem você viajar com as malas pesadas.

Recomendo que faça o exercício por escrito, em seu Caderno de Notas.

Continue a viagem, mas agora com leveza. Vai sentir a diferença!

12ª FAGULHA Do aqui e do acolá

O grego Heráclito, da cidade de Éfeso, tratou de pavimentar o caminho por onde passaram, depois, Sócrates e Platão. Ele viveu na mesma época do matemático Pitágoras. Muito bem, o que um ser ancestral tem a ver com a história que estou contando e, mais especificamente, com o aqui e o acolá?

Heráclito, precursor da filosofia, influenciou muito, por suas reflexões, personagens famosos como Platão, Aristóteles, Marco Aurélio, Plotino, Goethe, Hegel, Nietzsche, Carl Jung, Martin Buber. Sabia que era importante olhar para além do aqui, buscando compreensão no acolá, aquela estrutura subjacente à superfície visível. Ele acreditava que a maioria das pessoas não consegue compreender a dinâmica da vida por viver semiadormecida, distraída com problemas triviais. Aprisionada no modo de pensar limitado ao aqui, essa massa de gente deixa de perceber soluções que só se apresentam aos que conseguem acessar o empírico mundo do acolá.

A mensagem principal de Heráclito é: acorde, preste atenção ao que acontece dentro de você e ao seu redor e, depois, aja.

Existe uma sutileza nesse profundo entendimento: antes de descobrir o acolá subjacente ao aqui, nas coisas de fora, exercite descobrir o acolá subjacente ao aqui, nas coisas de dentro. Pode parecer complicado, à primeira vista, mas não é.

Para entender melhor o que Heráclito sugere vale refletir sobre a poderosa figura do oráculo, tão presente na cultura da Grécia Antiga. As pessoas o consultavam não tanto dispostas a ouvir previsões sobre o futuro ou buscar soluções para problemas, embora muitos tivessem tal anseio. O poder do oráculo era o de fazer com que a pessoa que lida com uma dificuldade no nível do aqui penetrasse mais fundo no nível do acolá, aonde vivem as suas próprias intuições. Por isso os oráculos sempre foram ambíguos, sem oferecer reflexões definitivas, incentivando quem os consultasse a ir além da primeira interpretação.

O mais famoso oráculo da história foi o de Delfos, na Grécia, consultado, na época, por pessoas de todos os lugares do mundo. "Conhece-te a ti mesmo", afirmação atribuída a Sócrates tinha sido, na verdade, uma inspiração desse oráculo ao filósofo.

Caso o ensinamento fosse levado ao pé da letra, a rigor não havia nenhuma necessidade da peregrinação ao local, a menos que esse movimento ajudasse a pessoa a romper os bloqueios de acesso ao acolá. Fora isso, a viagem que cada um de nós faz para dentro de si é sempre a mais significativa e dispensa passaporte.

Dica da Díke

Mergulhe no "jogo do aqui e do acolá". Tudo o que tem de fazer é assinalar onde você se situa entre as duas palavras colocadas aos pares, em duas colunas. Mais à direita ou mais à esquerda?

escassez	abundância
vaidade	orgulho
miragem	imagem
existência	essência
lei	moral
vício	virtude
rastros	pegadas
competição	cooperação
sobrevivência	prosperidade
atalho	caminho
fantasia	imaginação
lógico	lúdico
usufruto	desfrute
problema	desafio
mundo	vida
guerra	paz
humano	divino
medo	amor

Qual seria a justa medida? Registre em seu Caderno de Notas.

13ª FAGULHA Para aprender mais e melhor

Como seres inacabados, somos eternos aprendizes. Essa virtuosa capacidade nos incentiva a evoluir continuamente. É uma probabilidade, porque nem todos a praticam. Infelizmente. Afinal, aprender não é para qualquer um.

O aprendizado e a aprendizagem têm os seus mistérios e entraves. Vamos, então, viajar com algumas das nuances desse tema tão instigante, a partir de afirmações bem conhecidas.

Quem conhece, reconhece.
Isso é bom e ruim. Bom, porque descomplica. Não precisamos começar do zero. Diante de cada realidade, temos um repertório que nos ajuda a ir além, a partir do que já conhecemos, tornando a vida mais simples e viável. Por outro lado, nossa tendência é de enquadrar e encaixar em nosso repertório já cristalizado tudo o que nos aparece pela frente. É como se já tivéssemos uma história definida, na qual cabe apenas o roteiro original, sem nenhum acréscimo.

Quando procuramos apenas o que reforça os nossos paradigmas, o que for oposto a eles será automaticamente rejeitado. Lembre-se: o julgamento é sempre contrário à aprendizagem, pois impede de seguir em frente.

Estima-se que 80% das informações que usamos para criar percepções do mundo já estão dentro de nosso cérebro, razão pela qual nos repetimos a maior parte do tempo. É um risco, especialmente se você se recusar a abrir exceções à regra da mesmice.

Pedir óculos emprestados
Vivemos um imenso jogo de ilusão de ótica. Nossas visões são sempre parciais. Não existe aprendizado e ajuste

de olhar sem interação com os outros, ou seja, sem a criação de espaços de relacionamento e compartilhamento nos quais as pessoas possam trocar e ampliar suas percepções. Em mútua e benéfica simbiose ou harmoniosa interação.

Assim deveria ser, mas nem sempre é. Poucos acreditam que os óculos dos outros sejam melhores do que os seus. Geralmente, se aceitam usar um par emprestado, preferem selecionar as lentes. E o que isso significa? Procuram as que representam crenças, ideias e pensamentos semelhantes aos seus. Assim, só reforçam o que já sabem, impedindo a entrada de algo novo, capaz de expandir horizontes. Você está nesse grupo?

Se estiver, atenção! Preferir a uniformidade à diversidade é reduzir – senão mesmo impedir – a nossa capacidade de aprender e de evoluir.

De repente, não mais que de repente.
Um dia você coloca em xeque as suas crenças, abre uma janela de oportunidade em meio às suas certezas, deixa a luz entrar clareando o breu da ignorância. De repente, não mais que de repente, o que estava velado se revela. O milagre acontece.

Para finalizar, vale uma distinção. Aprendizado é quando um conhecimento ocupa o vazio da ignorância. Faz parte da esfera da cognição. Aprendizagem é quando a vida ganha um sentido, promovendo o despertar e a transcendência. Faz parte da esfera da espiritualidade.

A evolução humana depende das duas esferas em constante e saudável interação.

Dica da Díke

O discípulo, à procura de orientação, vai ao encontro do mestre. Este logo nota que seu pupilo está menos disposto a ouvir conselhos e ensinamentos do que a sobrepor opiniões e conceitos às ideias que vem buscar.

O mestre se cala e escuta atentamente o que o outro tem a dizer, enquanto lhe serve uma xícara de chá. E continua despejando o líquido, em vez de parar quando ele extravasa da borda. O discípulo não se contém:

– A xícara está cheia! Não vê que não cabe mais?

O mestre, com toda a calma, continua o que estava fazendo, ao mesmo tempo em que responde:

– Você também está repleto de razões. Como poderei lhe oferecer algo novo, enquanto você não esvaziar a sua xícara?

Em seu Caderno de Notas, faça uma "lista dos esvaziamentos", ou seja, de tudo o que você precisa se livrar para ser um verdadeiro aprendiz.

14ª FAGULHA Enxerga melhor quem se distancia

Ao passear com Sócrates pelos arredores da antiga Atenas, na Grécia, o irmão de Platão, Glauco, começou a contar uma história. Era sobre um pastor que havia encontrado um anel. Ao colocá-lo no dedo, o homem percebeu que se tornara invisível aos olhos dos outros. Ambos, então, seguiram filosofando durante longas horas sobre os desdobramentos éticos do relato. Nenhum dos dois, no entanto, deu-se conta de que as mulheres e os escravos eram invisíveis naquele país, considerado o berço da sabedoria ocidental. Veja como a ética, mesmo entre seus precursores, também pode ser incoerente e sectária.

Se até o venerável Sócrates era vítima de suas miopias, quanto mais nós, seres comuns, ocupados com as miudezas e as mesquinharias do cotidiano, sem tempo para filosofar. Nessa vida mais de reação do que de reflexão, deixamos de enxergar muitas coisas, vítimas de nossa cegueira.

Desenvolver um olhar consciente – essa capacidade de revelar o velado – é, sem dúvida, um dos mais significativos desafios humanos. O psiquiatra austríaco Viktor Frankl chama de "percepção mais abrangente" essa qualidade de olhar que examina o texto sem perder de vista o contexto.

O olhar consciente requer a prática da atenção reorientada que nos permite enxergar o que antes éramos incapazes de ver. Coisas que até parecem novas, embora estejam presentes no mundo há milênios.

O distanciamento é uma maneira de desenvolver o olhar consciente ou a percepção mais abrangente. Se observarmos a realidade muito de perto, notamos apenas o texto e perdemos de vista o contexto. Mas é exatamente o contexto que nos oferece os fundamentos e os significados daquilo que enxergamos.

Notícias falsas – as chamadas e famigeradas *fake news* – são frases e imagens deslocadas de seu contexto, portanto perdem seus fundamentos e significados. Assim, descaracterizadas, são utilizadas tendenciosamente para gerar outros e fantasiosos contextos.

Sem distanciamento, não observamos o cenário a partir da perspectiva adequada, deixando de captar a realidade em todos os seus matizes, para, com a devida compreensão, distinguir, tomar atitudes, fazer as melhores escolhas e decidir com sabedoria.

O que nos faz especiais como humanos é justamente a capacidade de nos distanciar, de nos separar do conjunto, de nos tornar espectadores. Perceba que não se trata de algo físico, mas mental. Vale, também, para nossas próprias crenças, ideias e opiniões. Esse afastamento imprescindível é que nos permitirá agir, em seguida, como atores conscientes e responsáveis.

Dica da Díke

Distanciamento é um dos meus dons para alcançar a justa medida. Um olho não consegue se ver, bem como um mesmo dedo é incapaz de tocar-se. Se você permanece preso ao problema, só consegue, no máximo, fazer parte dele, quando não acaba se transformando nele.

O segredo, então, é tomar a devida distância para ver melhor e não perder a perspectiva. É uma maneira de filtrar os fatos, as opiniões e as opções que são postas a sua frente, sem correr o risco de deslocar o texto do contexto.

Eu, a Justa Medida, busco a verdade. E a verdade é a justa medida entre o falso e o demasiado.

15ª FAGULHA O que nos leva adiante e o que nos paralisa

Em nenhuma outra esfera da vida o sistema de crenças se apresenta de maneira tão veemente, como na religião, embora seja encontrado na política, nas vertentes da medicina, da sociologia e até da biologia.

Reféns dele, cuja origem e razões já se perderam no tempo, as pessoas ainda o praticam de maneira automática como se estivessem programadas. Como fica instalado no inconsciente, leva à repetição de comportamentos infundados. Aliás, o efeito da existência de uma causa é engessar comportamentos, tornando-os automáticos e alienados, como os que podemos observar em uma pessoa durante um transe.

As crenças sabotam os valores. E nos concentram naquilo em que acreditamos, certos de que se trata da verdade. Sobretudo, nos desviam daquilo que, de fato, somos, os nossos valores. "Estamos" as nossas crenças, mas "somos" os nossos valores.

As crenças nos separam. É a minha contra a sua. Um embate sem fim, entre oponentes que não saem de dentro de si mesmos. Os valores, por sua vez, nos unem. É curioso observar que muitas divergências políticas e religiosas estão no plano das crenças, pois os valores convergem, quando tratamos de nos aprofundar um pouco mais.

Se duvida, por jamais ter refletido a partir dessa perspectiva, tome como exemplo dois mundos: um retido pela crença, outro movido pelo valor.

A competição é um comportamento. Sua origem está na intenção de assegurar a própria sobrevivência. A crença que está por trás disso é a da escassez. O efeito perverso é o de resultar em um mundo mais fragmentado, em que a disputa e o isolamento são decorrentes, acentuando ainda mais a escassez, o que, por sua vez, reforça a crença. Nada mais, nada menos que um círculo vicioso.

A cooperação é um comportamento. A sua origem está na intenção de prosperar em conjunto. O valor que está por trás disso é o da abundância e de um sol que brilha para todos. O efeito é um mundo mais unido, em que o cuidado e a solidariedade são decorrentes, ampliando ainda mais abundância. Um círculo virtuoso, portanto.

A crença é uma imposição que jamais dará certo, a não ser em legiões e facções em transe. O valor, por sua vez, é uma posição individual com grandes chances de ser também coletiva, justamente por seu poder de gerar unicidade.

As crenças são desagregadoras, enquanto os valores nos incentivam a nos importar com todas as pessoas que nos cercam, aceitando-as como são, independentemente (ou mesmo apesar) de suas crenças.

As crenças nos colocam e retêm fora da ordem, mas os valores nos conduzem à ordem natural.

Dica da Díke

Aos pouquinhos vou apresentando a você os meus dons. Agora é a vez de um dos que eu mais prezo. Posso dizer que se trata até de um dos meus superpoderes. Chama-se equanimidade e, em síntese, significa ser imparcial sem perder a retidão.

Consigo, então, me manter serena diante de situações de litígio. Sem achar que os opostos representem o melhor posicionamento, não invalido nenhum dos lados. Fico em equilíbrio, porque se adotasse um deles como preferido – o esquerdo, digamos – tenderia a rejeitar o direito. Isso limitaria minha vida, como você bem pode concluir, pois se experimentasse só um, jamais conheceria o outro. Pior: perderia oportunidades, sem condições de aceitar e compreender os que se alinham do lado direito. Com tão baixa empatia, teria o campo de visão estreitado, bem como reduzida a capacidade de compreensão e tolerância.

Eu, a Justa Medida, prefiro me manter em um ponto de equilíbrio entre o lado direito e esquerdo, para que possa apreciar o que existe de positivo em ambos.

Ainda voltarei ao tema equanimidade, mas, por enquanto, pense a respeito e avalie como se sente. Tem preferência por um lado ou é capaz de ver e compreender o todo, sem exclusões?

Registre suas observações e respostas no Caderno de Notas.

16ª FAGULHA Discernimento para encontrar a justa medida

Sabe o que nos maltrata demais? A nossa leitura da realidade, sempre parcial, incompleta, tendenciosa, equivocada. A coisa se agrava quando criamos uma história de ficção que acreditamos ser nossa própria realidade, mas que só existe em nossa fantasiosa percepção. E piora bastante quando escolhemos remoer mágoas imaginárias, como quem vive cutucando uma ferida, não só impedindo-a de sarar como ampliando o risco de fazer com que o quadro se complique.

Discernimento é imprescindível e permite que tenhamos a capacidade, embora nem sempre usada, de compreender o que existe. Significa ter consciência plena da realidade, sem se deixar levar por miragens, versões dos fatos, fantasias. Lembre-se: a percepção é a realidade individual, portanto, ao mudá-la alteramos o próprio mundo.

O contrário de discernimento é a tentativa insana de enquadrar a realidade em um estreito campo de visão, ajustando-a às nossas próprias (e limitadas) percepções. Nesse tipo de equação, a realidade é a variável, a percepção é fixa. Discernimento é justamente o contrário: a realidade é fixa e a percepção, variável.

Discernimento é a palavra mágica. Permite que façamos com exata precisão a leitura da realidade, tanto a externa como a interna.

Vamos a um exemplo: o nosso maior dilema não é discernir entre o que é bom e o que é mau – ou o bem e o mal. Sabemos distinguir um do outro. Temos, como ajuda, os registros em nossas células ancestrais que carregam em si a capacidade de distinção moral. Mesmo sem um conhecimento fundamentado, somos capazes de perceber que determinadas escolhas são melhores que outras. Além de inteligentes, somos seres morais.

É certo que, mesmo assim, nem sempre nos inclinamos às melhores opções. Às vezes, embarcamos em canoas sabidamente furadas. Então, também somos amorais, além de ignorantes, de certa forma. Mas esse é outro assunto, a refletir, oportunamente.

Quero me ater ao que considero um dilema bem mais complexo: discernir entre o bom e o melhor. Nem sempre é algo tão fácil e direto como o bom e o não bom. A sabedoria popular vagueia de um ponto a outro.

Quem já não ouviu que "o ótimo é inimigo do bom"? Tal expressão popular significa que o feito é melhor do que o perfeito e que, na busca obstinada pela perfeição, deixamos de desfrutar o que é bom. Existe, ainda, o dito "o bom é inimigo do ótimo", para lembrar que, quando nos contentamos e nos consolamos com o que é bom, deixamos de evoluir para o que seria ótimo. Esse é mesmo um dilema: ficar no que é bom ou buscar o ótimo?

Poderíamos louvar a ambição daquele que anseia pelo ótimo e não aceita o bom, da mesma maneira que podemos reprovar aquele que, por uma inquietude gananciosa, prefere o ótimo ao bom. Sei que são julgamentos e eles pouco ajudam, mas e aí? O bom ou o ótimo? Vale admitir que se trata de uma reflexão instigante.

Dica da Díke

É aqui que entro em cena. Eu, a Justa Medida, posso ajudar você fazer a escolha certa.

Discernimento é outro dos meus dons, junto com o distanciamento e a equanimidade. No caso em questão, entre o bom e o ótimo existe uma atitude sutil que só se resolve com a justa medida.

Note o seguinte: se trocamos o que é certo pelo mais fácil, erramos na medida. Se você abre mão do que considera certo para atender a expectativas alheias, está errando na medida, da mesma forma se permitir que as circunstâncias falem mais alto.

Eu, a Justa Medida, auxilio você a lembrar o que é certo, ainda que não seja bom ou mesmo ótimo.

Considere essa questão ao rever os seus quereres. Reflita e escreva o que concluiu no Caderno de Notas.

17ª FAGULHA Tornar-se humano

Todos nós temos uma bússola moral a nos indicar o certo e o errado, mesmo antes de aprendermos sobre o bem e o mal. É inerente. Faz parte de nossa bagagem original. Mesmo assim, todos os dias não são poucos os exemplos de incoerência em que incorremos. Desde rir de uma piada sem graça, apenas para agradar o interlocutor, ou concordar com algo veementemente contrário ao que acreditamos, só para evitar algum conflito ou ainda esconder o defeito no carro que colocamos à venda com a intenção de obter vantagem financeira.

Uma coisa é certa: a incoerência manda a conta, na forma de uma tensão desconfortável entre dois seres, em nós: o real e o dissimulado. O ser real alinha seus comportamentos a sentimentos, pensamentos e valores. Para tal, e não é uma escolha fácil, muitas vezes paga o preço de desalinhar-se com outras pessoas, a seu redor. Um custo relacional e social, portanto.

O ser dissimulado desalinha, então, seus comportamentos de sentimentos, pensamentos e valores. Faz isso para alinhar-se aos outros e conquistar as benesses dos relacionamentos, como contar com a aceitação e ganhar o rótulo de "boa gente". Nesse caso, o custo a pagar é moral e psíquico.

Assim como a febre denuncia a infecção a ser tratada para que o organismo retorne ao seu estado saudável, a tensão desconfortável provocada pela incoerência cumpre o mesmo papel. Informa, alerta que existe um desalinhamento a ser corrigido para a recuperação do bem-estar.

Quando assistimos ao triste espetáculo da lama da corrupção inundando órgãos públicos e privados, duvidamos se os atores dos ilícitos vivem, de fato, a tensão desconfortável resultante da incoerência e se possuem, mesmo, uma bússola moral a orientá-los.

São duas hipóteses distintas. A primeira é a da autojustificativa, uma maneira de atenuar ou aliviar a própria tensão e a dos demais, com afirmações corriqueiras: "todos agem desse jeito" ou "é assim que as coisas funcionam por aqui" ou, ainda, "entenda a vida como ela é". Quem assim se comporta cria um tipo de universo paralelo e fantasioso, um lugar habitável, onde a incoerência possa ser vivida em paz. Claro, uma paz dissimulada.

A segunda hipótese é a de ausência da bússola moral, um defeito de origem, um caso clínico, portanto. Só acomete os sociopatas ou psicopatas, a quem se recomenda tratamento médico. Muitos deles estão em presídios comuns, em vez de submetidos ao devido tratamento.

A sorte é que a maioria dos seres humanos possui essa bússola moral e é suscetível à tensão desconfortável, sempre que age com incoerência. Está funcionando perfeitamente, portanto. A tensão é necessária para dar os alertas. Reconhecê-la oferece a possibilidade de escolha para ser e agir adequadamente. Permite também corrigir e retornar ao ser real, no exercício contínuo e persistente de tornar-se humano. Ainda bem.

Dica da Díke

Quem é você quando ninguém está olhando?

Essa é a pergunta-chave que coloca em xeque a coerência e o alinhamento entre gestos e valores.

É incômoda, sem dúvida, mas necessária, se você ambiciona viver a ordem natural. Trate de respondê-la, sem pressa, no Caderno de Notas.

18ª FAGULHA Você tem olhos para a beleza?

A beleza é uma das portas de entrada para a ordem natural. Mas quem tem tempo para admirá-la? Talvez a gente passe por ela todos os dias, sem notá-la. Afinal, em meio a tantos afazeres, quem se dá o direito de parar com disposição de apreciá-la? Mudamos o calendário e o que mais se escuta, ainda, é: "o tempo não para de passar". Não é o tempo que passa, mas sim nós que passamos por ele, apressados e desatentos. Nesse frenesi mais de existir do que de viver, quando teremos tempo para a beleza?

Há alguns anos, um violinista aparentemente anônimo, como tantos músicos de rua, começou a tocar em uma das estações de metrô, na cidade americana de Washington. Encostado na parede, perto de um cesto de lixo, durante quase uma hora ele brindou os passantes com obras de Schubert, entre outros clássicos. Mais de mil pessoas passaram por ele sem parar. Houve algumas exceções, claro, mas sempre por breves lapsos. Entre elas, crianças que insistiam em permanecer ouvindo, mas logo arrastadas por mães ou pais apressados. No final, sequer houve aplausos.

Ninguém sabia que ali estava o músico Joshua Bell, um dos virtuoses mais cotados e admirados do mundo, solista da Orquestra de Filadélfia e com várias apresentações no Carnegie Hall a preço de ouro.

Quem tem tempo para a beleza? À primeira, segue-se outra pergunta: quem tem olhos ou ouvidos para a beleza?

Duas apresentações aconteceram, certa noite, em uma sala de concertos de uma outra cidade dos Estados Unidos. O programa da primeira indicava uma peça do imortal Beethoven. O da segunda, uma obra tão desconhecida como o seu compositor. Terminada a primeira, o público aplaudiu de pé e com tamanha insistência que o regente retornou para agradecer várias vezes, dividindo as aclamações com seus músicos. Poucos permaneceram para acompanhar a segunda parte que, uma vez finda, mereceu parcos aplausos.

O público não sabia que houve uma inversão. A princípio foi tocada a obra do desconhecido e, só depois, a de Beethoven. É possível, portanto, que ambas fossem igualmente revestidas de imensa beleza, fato que nos leva a propor duas questões. Vamos lá!

De que olhos e ouvidos fazemos uso para captar a beleza que nos circunda? Somos educados para reconhecer a beleza quando estamos diante dela?

É bem possível, posso dizer com ampla margem de acerto, que passemos por ela diariamente sem percebê-la. A pressa e a ausência de sentidos acurados nos deixam anestesiados diante das maravilhas a nosso dispor, sem atentar para o colorido deleite que elas podem oferecer às nossas vidas.

Dica da Díke

O belo é a justa medida entre o feio e o extravagante.

Para quem quiser viver uma vida peregrina, proponho um desafio: o de arranjar tempo, olhos e ouvidos para a beleza. Que tal?

Se você costuma fazer caminhadas, experimente alternar os sentidos ao longo dos trajetos. Nos primeiros dez minutos, concentre-se nos sons. Se estiver em contato com a natureza, tanto melhor. Se, no entanto, seu itinerário for em ruas de alta concentração urbana, nada impede você de distinguir o canto dos pássaros, captar os movimentos da vegetação e ouvir o assobio do vento. Mesmo na cidade, existe uma natureza oculta porque não atentamos para sua discreta presença. Em vez de duvidar, pratique.

Nos dez minutos seguintes, concentre-se em tudo o que sua visão descortina, focalizando ora as plantas, ora as pessoas, ora as nuvens no céu.

Nos próximos dez minutos, sinta os cheiros. Esqueça os corriqueiros, e sim, note o perfume de florações de calçada, de terra úmida, caso tenha chovido recentemente.

E, finalmente nos últimos dez minutos, use todos os seus sentidos ao mesmo tempo. Apurando-os, você mantém a devida abertura para captar maravilhas.

A beleza é uma das portas de entrada para ordem natural. Desfrute-a, ao mesmo tempo em que absorve o bem que faz à sua saúde uma boa caminhada.

ORDINAL 3   Relação correta

"O conhecimento e o intelecto são insuficientes para ocupar o lugar da ternura e do afeto."

VELHO TAFUL

19ª FAGULHA O toque de Midas

A história é conhecida, mas vale relembrar. O rei Midas acumulava muitas riquezas. Mesmo assim, mantinha o constante desejo de aumentá-las. Um de seus passatempos prediletos era contar moedas de ouro, tal a paixão que nutria pelo metal precioso.

Tamanho apreço fez com que, de repente, Midas desenvolvesse o dom de transformar tudo em ouro a partir de um simples toque. Maravilhado, notou seu novo poder vendo um simples ramo de carvalho virar uma escultura dourada, quando o arrancou da árvore. Testou, em seguida com uma pedra, um fruto da macieira, uma flor.

Não cabia em si de contente ao constatar sua extraordinária habilidade. Agora sim poderia ter o quanto quisesse do que mais amava. Feliz da vida, ordenou aos criados que preparassem uma deliciosa refeição para comemorar. Qual não foi sua surpresa, quando, ao levar o pão à boca, não pode degustá-lo, porque não passava de um pedaço do metal precioso. O mesmo aconteceu com o vinho, que se transformou em um líquido espesso e brilhante, intragável. E, para sua imensa dor, ao abraçar sua filha, ela se imobilizou em uma estátua dourada. O que era satisfação e alegria virou medo e pesadelo. Para completar, ele mesmo se metalizou. Para sempre.

Esse é mais um relato da mitologia grega, que sempre revela algum ensinamento. Vamos mergulhar no que agora se apresenta.

Uma pessoa pode existir em duas dimensões: como sujeito ou como objeto. Uma pessoa-objeto identifica-se com o que possui: a casa, o carro, o dinheiro. Ama tanto as coisas que faz parte delas. O inverso também é verdadeiro: as coisas também são partes da pessoa-objeto. Alguém que seja muito ganancioso e obstinado por dinheiro começa a ser as características do dinheiro.

Quem ama coisas, portanto, aos poucos vai se coisificando. As pessoas se tornam, gradativamente, o que amam. Por isso é importante amar algo que nos eleve. Uma pessoa-sujeito vai amar o que faz dela um ser ainda melhor. Não se trata de algo que ela toca materialmente, mas sim do que é capaz de tocá-la em outras dimensões.

O toque de Midas, que transforma tudo em ouro, é considerado um elogio para pessoas bem-sucedidas nos negócios e em conquistas financeiras e materiais. Mas vale lembrar o saudoso Millôr Fernandes: "o importante é ter sem que o ter te tenha".

Dica da Díke

Em seu Caderno de Notas, faça uma lista de pessoas com as quais você se relaciona. Pode ser na família, no trabalho, no grupo de amigos, na igreja, na escola.

O que você realmente sabe sobre elas?

Quais os medos que elas têm?

Quais são seus sonhos e desejos?

Até que ponto elas realmente conhecem você?

A partir de hoje, cheque todos os dias se a pessoa com a qual vive ou trabalha é a mesma de ontem. E, claro, registre suas respostas e impressões por escrito.

20ª FAGULHA Imagine, sem fantasiar

– Estou no oitavo casamento e não sei o que acontece, todas elas têm os mesmos defeitos.

Ouvi isso de um amigo que "casava" com a mesma facilidade com que "descasava". Acrescentei aspas para informar que as uniões eram informais, sem pompa, circunstância, igreja e cartório. Ele não pensava duas vezes, quando decidia morar com alguém, sempre de improviso. A quantidade de eventos do gênero que ele havia contado era de uns dez anos atrás, quando o vi pela última vez. É bem possível que, no presente, ele já tenha superado a marca do poetinha Vinícius de Morais. Mas todas as suas companheiras tinham "os mesmos defeitos" e é isso que nos interessa, aqui.

Não há mulher certa ou homem certo. Os contos de fada bem como os romances e novelas vendem a ideia do casal e do relacionamento perfeitos, mas tudo não passa de fantasia. Essa é a arte de gerar expectativas que, mais tempo menos tempo, serão frustradas. Enquanto se vive uma experiência, a mente fantasia outra provável, ou seja, a ilusão de que "deve haver alguma mulher que supere essa", como certamente esperava meu amigo casadoiro. A próxima também não ia corresponder ao que ele ansiava, por uma razão muito simples: ninguém existe para satisfazer as expectativas alheias.

Então, voltemos ao meu amigo. Se ele não mudar, suas fantasias e, claro, expectativas, permanecerão as mesmas. E ele sempre projetará a mulher que, em sua percepção equivocada, é a ideal. Não é uma questão de mudar de mulher, mas sim de percepções. E acabar com a mania de achar que o problema está no outro.

Para tanto, vale fazer um instigante exercício: o de imaginar, que é bem diferente de fantasiar. Imaginar o que pode ser vivido com o mesmo cônjuge. Não se trata de expectativas, mas de perspectivas. Melhor ainda se essa imaginação for conjugada. Por isso a palavra cônjuge significa consorte, ou seja, indivíduo que tem o mesmo destino que o outro. Troquemos destino por desígnio e aí sim teremos a sorte de fazer com que uma relação se forme e se transforme ao longo de tempo.

Vale para outras relações além das conjugais? Claro que sim! Adote a mesma atitude com diferentes pessoas de sua convivência, seja um irmão ou uma irmã, colegas de trabalho ou de escola, amigos e confrades.

Dica da Díke

Leia essa fagulha junto com o seu consorte e conversem sobre os seus propósitos. Delineiem, juntos, um que seja comum.

Estenda a experiência para outras ligações afetivas. Relacionamentos na ordem natural são livres, cheios de frescor e leveza.

Antes de registrar no Caderno de Notas, alguns versos:

Entre nós
Distância
Desordem, dissonância.
Entre nós
Cancela
Porteira sem tramela
Entre nós
Abismo
Grota funda, sem lirismo
Entre nós
Miragem
Fenda aberta sem passagem
Entre
Desata os nós
Afrouxa o cós
A casa é sua
O passo é seu

21ª FAGULHA Afeto sim, afago não

Prepare-se para refletir sobre o que acontece em seu âmbito profissional, seja qual for e independente de cargos e circunstâncias. Questões emocionais e de relacionamento fazem parte da alma de uma empresa. Não podem ser ignoradas. E, delas, ninguém sai ileso. Mexem com o ânimo das pessoas e afetam diretamente a qualidade do trabalho. É preciso muito autocontrole e autodomínio para mantê-las afastadas das outras áreas da vida. E aí? Como lidar com esse universo de emoções, em uma empresa que, geralmente, vive pressionada por desafios do negócio, dos resultados, das exigências dos clientes?

É papel do líder e de cada colaborador elevar a alma da empresa. Essa é uma das atribuições que torna alguém digno da liderança e de uma equipe merecer esse nome. Vai muito além da otimização dos recursos, prática bastante comum. Pois bem, elevar a alma da empresa significa impulsionar o desejo das pessoas, algo de que só um propósito é capaz.

As questões emocionais e de relacionamento são dúbias. Expressam sentimentos. Mas, ao lidar com tal sutileza, líder e equipe podem exagerar na medida e pegar o caminho errado. O risco é acentuar os contornos da empresa sensível, dengosa e feita de pessoas mimadas. Isso acontece quando a intenção é suprir a carência, em vez de promover o desejo. No intuito de exaltar o criador, acaba por enaltecer a criatura.

Só que ao dar tanto espaço à criatura, alimenta a dor e o sofrimento. Gera, então, o ambiente das lamúrias e do chororô. Não há lugar para o propósito. A criatura carente está em busca de proteção, resguardo, atenção. Tem certeza de que o mundo ao seu redor lhe deve algo, por isso cobra e exige, com aflição ou, mesmo, agressividade.

Líderes e equipes que embarcam na canoa furada das carências não terão tempo para mais nada. São infinitas. Não é possível satisfazê-las, porque têm uma capacidade imensa de multiplicar-se. Daí, vale repetir, tratar das carências é enaltecer a criatura que mora dentro de cada um de nós. Promover o desejo é evocar o criador, a essência, aquela que está voltada para fora, para o serviço, para a contribuição.

Afeto, sim, faz parte de uma empresa mais humana. Afagos, no entanto, devem ser evitados, pois contribuem para promover distorções no entendimento do que seja uma empresa com alma. Saiba muito bem qual é a diferença e não caia na armadilha.

Dica da Díke

Considere também aqui o dom do distanciamento, a arte de se manter na justa medida para garantir o equilíbrio necessário entre a proximidade e o afastamento.

Nem tão distante que leve ao desdém, nem tão próximo que seja sufocante.

Vale para os relacionamentos no trabalho, mas também entre casais, filhos e afins.

Repasse os seus relacionamentos e avalie onde eles se situam entre a proximidade e a distância. Aproveite para calibrá-los à justa medida.

Anote suas conclusões, reajustando-as quando necessário.

22ª FAGULHA O inferno não são os outros

Se alguém lhe der um soco na cara, é claro que vai doer. Você pode revidar, na tentativa de compensar a agressão, mas isso não evitará o olho roxo ou um dente quebrado. A dor é física e real.

É (ou deve ser) muito rara a possibilidade de tomar um soco na cara, a menos que você pratique o pugilismo como o seu esporte predileto. A maioria das agressões que recebemos não é física, mas emocional. E praticamente diária. Inferniza a nossa vida.

Chamamos essa hostilidade comum de "sentimento ferido". Acontece quando somos insultados, vítimas de fofocas ou de difamações, rejeitados, ignorados, enganados e traídos. É, também, algo que nos acomete, com muita frequência, quando as pessoas não correspondem às nossas expectativas. "O inferno são os outros", disse certa vez o filósofo francês Jean-Paul Sartre, considerando que os ataques, físicos ou emocionais, decorrem sempre da presença de alguém mais.

Ao revidar a investida real, provavelmente a reação esteja relacionada à dor emocional, não à física. O que provoca a revanche – a não ser em situações de legítima defesa – é o sofrimento emocional causado pela raiva e pelo ressentimento. Distinguir entre a dor física e a emocional é uma questão de consciência e maturidade.

Já passei por xingamentos no trânsito – quem nunca? –, mas tive de fazer uma escolha súbita: refrear meus sentimentos e me conter ou partir para a réplica. Imagine se esta última alternativa fosse rotineira. Na certa, aumentaria bastante meu risco de vida.

Talvez a gente não consiga esquivar-se da agressão física de alguém incapaz de controlar suas emoções. Mas sempre evitaremos o revide, se formos senhores de nossas emoções. Ninguém pode nos ferir emocionalmente, a menos que conte com nossa permissão. Ou seja, posso me considerar rejeitado a partir da atitude de uma outra pessoa, mas tal sentimento é produzido por mim. O mesmo vale para a frustração, quando alguém não corresponde à minha expectativa. Se compreendermos isso, veremos que o inferno não são os outros. O inferno somos nós. É preciso encarar essa questão. Corajosamente, sob pena de nos tornarmos eternas e indefesas vítimas.

Consciência e maturidade requerem controle sobre as próprias emoções. É libertador saber que podemos ser criadores de nossos sentimentos. É uma sublime vitória sobre o inferno que somos nós, algo também conhecido como ego.

Dica da Díke

A Monja Coen nos ensina que o sofrimento é opcional. Em um de seus livros, ela nos oferece a seguinte e instigante citação de Buda: "nem seus piores inimigos podem fazer tanto dano como seus próprios pensamentos".

Proponho a você um exercício de "mudança de fluxo" para ser feito em três etapas.

Na primeira, tome consciência dos sentimentos causados por seus pensamentos.

Na segunda, elimine qualquer julgamento e evite a velha mania de culpar algo ou alguém.

Na terceira etapa, redirecione sua mente para pensamentos positivos e saudáveis geradores de sentimentos igualmente positivos e saudáveis.

Entregue-se ao exercício. É simples, aparentemente. A mudança que proporciona, difícil de explicar por ser abstrata, é real e intensa.

Depois de fazê-lo, sem pressa, relate a experiência no Caderno de Notas.

23ª FAGULHA Saiba nadar contra a maré

Aqui vai uma prosa para empresários, empreendedores, líderes e profissionais. Se não é o seu caso, dispense essa fagulha e passe às próximas. Mas se a curiosidade levar você à leitura, acredite, será útil, embora com a linguagem bem típica do mundo dos negócios.

A empresa é um ambiente propício ao conflito. As pressões chegam por todos os lados. Insatisfação de clientes, inadimplências, atrasos por parte dos fornecedores, ameaças dos concorrentes, coibição dos agentes do governo, iminência de novos entrantes, oscilações no fluxo de caixa, aumento dos custos... A lista é infindável. Tudo repercute nos relacionamentos internos, de maneira a torná-los rasos e ríspidos, gerando hostilidades que se agravam ao longo do tempo, pois não há espaço para saná-las, em meio a agendas tão carregadas.

Diante da turbulência externa e da confusão interna, existe a necessidade de criar um porto seguro, algo que funcione como um ponto de conexão e convergência face a tantas desconexões e divergências diárias. Tal baluarte é o propósito. Sem ele, restam apenas os pomos de discórdias: as metas do mês, o faturamento da semana, as entregas do dia.

Tome como exemplo algo de natureza distinta da empresarial: a religião cristã. Em seu seio existem – latentes ou explícitos – conflitos, discordâncias, discussões, até que algum iluminado expresse o propósito de "amar a Deus sobre todas as coisas e ao próximo como a si mesmo". Diante da declaração, todos se calam e se curvam, respeitosamente, deixando de lado soberbas e controvérsias, pois nada é mais forte e verdadeiro do que um propósito sobre o qual todos estejam de acordo.

Também nas empresas um propósito funciona como apaziguador de conflitos ou norte para onde todos aceitam olhar e desejam se dirigir. Ao mesmo tempo, um propósito inspirador é capaz de angariar as energias individuais, criando um senso de unidade e de comunidade necessário e salutar diante de um mundo desagregador.

Sabemos, no entanto, que nem todo propósito – mesmo o mais grandioso – é comum a todos e a tudo. Ao contrário, os propósitos mais poderosos são aqueles que indicam a direção de nadar contra a maré.

Walt Disney nadou contra a maré quando enxergou o que ninguém viu: um parque instalado no pântano da Flórida.

Howard Schultz, criador da Starbucks, também nadou contra a maré quando imaginou quiosques que servem café com romance e camaradagem espalhados pelo mundo.

Outro que nadou contra a maré foi Akio Morita quando vislumbrou pessoas ouvindo músicas enquanto se movimentavam. Nascia o walkman, da Sony, o primata do IPod e do que viria depois, os serviços de streaming de músicas como o Spotify, dentre outros.

Nadar contra a maré provoca resistências, principalmente entre aqueles que se sentem ameaçados pela mudança e receosos face ao desafio. Também nesse sentido, por mais complicado que pareça, o propósito é necessário e desejável. Ajuda a constituir a equipe adequada para alcançá-lo, deixando mais claro quem são os comprometidos, os correligionários e os que desejam saltar do barco à primeira marolinha.

Um propósito na empresa, portanto, é mais do que urgente em tempos tempestuosos e sem nenhum sinal de calmaria. É função do líder deflagrar e coordenar o processo de criação de um propósito, capaz de fazer prevalecer a paz de espírito sobre crises e conflitos.

Dica da Díke

A maré, muitas vezes, é o que está fora da ordem. Sei que é esquisito nadar contra, enquanto todos se aproveitam do fluxo das ondas. Mas se você acredita que possui o seu próprio desígnio, único e intransferível, então nadar contra a maré pode ser uma forma de ingressar na ordem natural.

Arrisque-se, quando notar que deve fazê-lo.

24ª FAGULHA Onde Deus entra nessa história?

Já ouvi algumas vezes perguntas ou indignações do tipo: "Se Deus existe, por que há pobreza?" Partem de quem coloca sobre os ombros de Deus a responsabilidade, enquanto dela se exime. Eu me refiro a Deus como uma de suas diversas denominações – Aquele que É, Elohim, Adonai, Yeshoua, Abba, Alá, o Dom, o Ser Supremo, a Consciência Superior, o Inominável, D'us – ou quem quer que a pessoa acredite estar acima e regendo a existência dos chamados mortais.

Geralmente quem assim pensa são as criaturas, os deterministas, os que estão fora da ordem, certos de que todos nós nascemos com o destino definido pela divindade em que acreditamos, a depender da religião professada. Existem, claro, os que não atribuem o fatalismo a um ser divino, os isentos e alheios, sempre dispostos a murmurar a favor de algo pré-moldado a que, queiramos ou não, fatalmente teremos de nos ajustar. Como se fôssemos simples robôs a fazer apenas aquilo que a programação obriga.

Quem faz a pergunta errada, encontra a resposta errada. "Se Deus existe" implica uma condição e uma dúvida. A condição da pobreza estar nas mãos de Deus e a dúvida da existência d'Ele.

Depois de acusar todos ao seu redor pelas mazelas do mundo, e não havendo mais ninguém a apontar o dedo, sempre resta um Grande Culpado, não humano:

"Como deixou isso acontecer?"

Lá vem novamente a criatura, eterna vítima das atrocidades avalizadas por Aquele que desencadeou as Sete Pragas do Egito.

Sem entrar no mérito da crença ou do ateísmo, o que importa aqui é a indagação, agora ajustada corretamente:

"Se há pobreza, o que, nós, seres humanos, fizemos de Deus?"

Essa é a pergunta do criador, que não delega a Deus o que cabe a si, sem cair nos enganos básicos. Não coloca em dúvida a existência de um ser superior nem a Ele credita a grande mazela da falta. Sem rodeios, avoca-se a responsabilidade, que é mesmo dos seres humanos. Declina, portanto, de apostar no imutável e pré-definido destino, como faz o determinista, mas acredita no desígnio, o qual depende de cada um de nós.

"O que fizemos de Deus?" é, então, a pergunta que nos coloca como protagonistas da trama que é a vida. "O que fizemos de Deus?" ao deixá-lo em segundo plano, para quando der tempo ou for necessário? Oras, Deus não é um utilitário a ser requisitado e usado nas intempéries do dia a dia ou lembrado e clamado nas calamidades. Esse Deus da súplica, a quem se roga sem cansar, alimenta nossa impotência, como se fossemos desguarnecidos de dons e talentos.

Então, independentemente de sua própria crença ou não crença, vamos seguir na reflexão. Se Deus criou a abundância, o homem inventou a escassez. A medida da abundância e da escassez é a mesma da aproximação ou do distanciamento de Deus. Tudo começa numa pequena fenda que vai se avolumando até se transformar em cratera.

Que buraco é esse em que a humanidade se meteu, por sua própria conta? Não é "onde Deus estava quando isso aconteceu?", mas "onde estávamos ou de que nos ocupávamos quando perdemos Deus de vista?" Para os ateus vale o mesmo desafio. Como? "Onde estávamos ou do que nos ocupávamos quando nada fizemos diante da inexorável responsabilidade por criar miséria em vez de abundância?"

Cabe a cada um de nós a divina, sim!, tarefa de gerar tal abundância.

Dica da Díke

São muitas as especulações: "quem é Deus?", "onde está Deus?", "Deus existe?". Não são as melhores perguntas. Proponho, para os que acreditam, substituí-las por "quando está Deus?" As respostas são inúmeras e também valem para os ateus dispostos a assumir sua parte no que acontece consigo e seus iguais na condição humana. Vamos a elas!

Quando está Deus?

Quando ouvimos, com muita atenção e presença, alguém que precisa expressar o que sente. E, depois, quando pronunciamos uma palavra que nos salta sabe-se lá de onde, capaz de mudar o curso de vida de quem nos fala. E até da nossa.

Quando, mesmo diante da mentira, nós nos mantemos firmes na verdade, e dela não abrimos mão.

Quando optamos pelo bem, mesmo se o mal prevaleça.

Quando, diante do horrendo, do hediondo e do nefasto, criamos e produzimos beleza.

Quando enfrentamos o medo corajosamente, decididos a fazer o que é justo e ajudamos aqueles que precisam de nós para vencer a opressão.

Só assim somos dignos de quem nos fez à sua imagem e semelhança – lembro aos que n'Ele acreditam. Da mesma forma, sugiro aos não crentes: vivam com o foco de luz concentrado em sua responsabilidade sobre a própria vida e a da humanidade.

ORDINAL 4   Conexão correta

"Se estiver no rumo certo, a vida se abrirá como um girassol diante do astro-rei, ambos em perfeita conexão."

VELHO TAFUL

25ª FAGULHA A chama dispersa

Somos seres de desejo. Mantê-lo vivo é o que dá tonicidade à vida, o que a torna mais intensa. O grande desafio de quem busca o seu propósito é lidar com os vários fatores que enfraquecem ou desorientam a chama.

Em linguagem tecnológica atual, isso pode ser comparado ao fato de deixarmos muitas telas mentais abertas ao mesmo tempo em nossa consciência. Descartamos as que não nos agradam, tratando de nos ater àquelas que nos dão algum prazer, mas também nos fixamos em outras, ameaçadoras e que incitam o medo. Um tremendo excesso de informações – mais entorpecem do que esclarecem, além de significar perda de tempo e energia. Pior ainda, nem sempre fechamos as telas anteriores, permitindo assim que continuem exercendo os seus efeitos: geram mais confusão do que lucidez.

A ordem natural, por sua lúcida vez, sugere e incentiva um estado de espírito que nos leva à descoberta do verdadeiro propósito. A conexão correta é essa etapa da ordem natural, depois que a intenção, a percepção e a relação corretas fizeram a sua parte, ou seja, a de ampliar o campo de visão. Apenas para frisar, a conexão correta trata do alinhamento entre o mundo interior (a chama) e o mundo exterior (o chamado).

"Ampliar o campo de visão" é o mesmo que "expandir a consciência". E para que serve esse exercício? Para que, em um espaço mais aberto, o propósito possa ser descoberto. Nos estreitos da visão, percepção ou consciência, o verdadeiro propósito prefere não mostrar a sua cara. Instala-se em algum ponto cego até que haja condições para que seja desvendado.

O verdadeiro propósito não se dá, assim, tão fácil. O destino, sim. E não exige nenhum empenho. Mas desígnio é justamente o exercício da busca. Requer envolvimento, dedicação, entrega. Essa é a razão pela qual são poucos os abastados regidos por um propósito, pois se dão ao trabalho disciplinado e perseverante na busca.

Retornemos ao início. A chama não se manifesta apenas quando existe a conexão correta. Como seres de desejo que somos, ela já está posta. É inerente, em nós. Vem de fábrica, na origem. Às vezes é diminuta, fica tremulando e parece prestes a apagar; outras vezes, embora incandescente, está mal orientada. O desafio é justamente dar-lhe a direção correta e o impulso certo. Aí, então, ela será capaz de se conectar com o chamado, cumprindo o seu desígnio.

Enquanto isso, não nos dispersemos. Na ordem natural, tudo vai dar certo.

Dica da Díke

O que você ainda não está conseguindo enxergar?

Desafiadora, a questão é fundamental para ampliar continuamente o seu campo de visão, ativar a sua atenção e curiosidade diante da experiência da vida. Assim, você revê as medidas, sempre na esperança de encontrar aquela que seja a mais justa.

Proponho que se faça essa pergunta e a repita de quando em quando. Observe e anote suas reflexões a respeito, em seu Caderno de Notas.

26ª FAGULHA Chamados existem para todos o tempo inteiro

"O tempo voa!" é uma frase muito repetida por aí. De fato, quando o dia termina, percebo o quanto realizei, mas me espanto com o que ainda ficou por fazer. Não cabem em apenas 24 horas todos os projetos e desafios a implementar, dos pessoais – sono, atividades física e espiritual, alimentação, leituras etc. – até os relacionais – contatos, convívios, conciliações com parentes e amigos –, além dos profissionais –, reuniões, criações, produções e muitos mais. Como fazer tudo e bem, em tão estreito período?

Quando penso nos anos de vida que tenho pela frente, um sentimento outonal me invade. Não vou conseguir ler todos os livros que gostaria, nem assistir a todos os filmes ou ouvir todas as músicas. Não me habilitarei em uma porção de atividades alternativas que me atraem, assim posso morrer sem aprender a dançar ou tocar violão. Não conhecerei vários lugares do mundo pelos quais sinto curiosidade. Também não escreverei todos os livros cujas ideias me povoam nem mesmo ajudarei empresas, grupos, líderes e pessoas com quem sinto vontade de contribuir.

Enfim, faltará tempo para tudo.

E penso em como seria bom se tivesse mais, quando me sinto assoberbado por numerosos afazeres e compromissos. Mas logo me ocorre outro sentimento. O de ter todo tempo do mundo. E de não saber como aproveitá-lo e da melhor forma.

Levantar pela manhã e não ter o que fazer está longe de ser o melhor dos mundos. Mas há quem padeça de tal sofrimento, levando a vida a esmo, em infinita desocupação.

Muitos, porém, são os chamados e súplicas. É possível definir o mundo como agrupamentos de gentes necessitando da ajuda de outras gentes. Muitos de nós somos capazes de oferecer auxílio por meio de nossas empresas. Aliás, essa é – ou deveria ser – a vocação mais sublime dos negócios e empreendimentos: almas humanas servindo outras almas humanas. Ou voluntariando-se de alguma outra forma.

"A messe é grande, mas os trabalhadores são poucos" (Mt 9,32-38).

Não faltam chamados. É só ter ouvidos para escutá-los, deixando que seus clamores ressoem. Num raio de dois quilômetros de onde você está agora tem alguém precisando de ajuda.

A questão não está no chamado, mas na chama. O chamado é de fora, a chama é de dentro. Algumas, quase apagadas, precisam de mais vigor. Como reavivá-las? Um propósito é a resposta. E o propósito é a conexão da chama com o chamado. Os chamados parecem não vibrar nem causar alguma motivação, até que a conexão ocorra e a chama incandesça.

Elevar a própria chama enquanto se atende a um chamado é a melhor maneira de contribuir com o mundo e de fazer do tempo um bem supremo. Sem jamais sentir culpas e arrependimentos.

Dica da Díke

Se o que falta é imaginação, então aí vai uma "lista de chamados" precisando de sua chama. Assinale aqueles com as quais os seus talentos e desejos mais se identificam. Escreva no seu Caderno de Notas.

meio ambiente

questões familiares

educação

mídia

assistência médica

idosos

crianças

negócios

moradores de rua

pobres

agricultura

desabrigados

sistema judiciário

oprimidos

minorias

instituições não lucrativas

igrejas

energia

imigrantes

lei

índios

governo

quilombolas

política

mão de obra escrava

parques e recreações

dependentes químicos

juventude

infraestrutura

religiões

espiritualidade

sexualidade

doentes e deficientes

segurança pública

imprensa

desenvolvimento humano

bebês

cuidados da criança

desamparados

justiça

assistência domiciliar

preservação das florestas

turismo

preservação dos mananciais

preservação da água

defesa

espaço

direitos e proteção dos animais

relações trabalhistas

alfabetização

questões de fronteira

direitos civis

moda

estilo	administração	pesquisa
artes	liderança	biotecnologia
livros	gestão	neurociência
música	construção	jardinagem
cinema	viagens	gastronomia
teatro	finanças	radiodifusão
design	imóveis	produção cultural
tecnologia	publicações	jornalismo
esportes	desenvolvimento	artes dramáticas.
alimentos	da comunidade	

Isso só para começar.

27ª FAGULHA Aonde mesmo você quer chegar?

Sonho é diferente de propósito, como propósito é diferente de objetivos e metas. É bom que se esclareça. Objetivos e metas possuem uma dimensão no tempo, ou seja, trata-se de algo a ser atingido amanhã, na próxima semana ou mês, no ano que vem ou ao longo de um quinquênio.

Mesmo o objetivo é distinto de meta, porque o primeiro é qualitativo e a segunda, quantitativa, porque sempre se expressa em cifras, ao contrário do objetivo. Ambos, no entanto, tendem a ser bem definidos, limitados e temporais. São mais da natureza do aqui.

Objetivos e metas correm o risco, mais comum do que se imagina, de serem definidos com base na falta em vez de na farta, fugindo da segunda ordem natural, a percepção correta.

A definição com base na falta instiga o medo de fracassar e a dúvida sobre a capacidade de atingir o proposto. A ansiedade causada por objetivos e metas funciona como um tipo de autossabotagem que drena, inexoravelmente, a energia necessária para que sejam atingidos. Tudo exige muito esforço e o estresse é certo, pois objetivos e metas quase sempre se repetem, transformando-se em rotinas, com todo o desencanto que a mesmice provoca.

O propósito é mais amplo, profundo e atemporal. É da natureza do acolá. Quando definido conforme a ordem natural, parte de um desejo proveniente da farta, portanto com outra qualidade. É imbuído de um querer inadiável e tem como desígnio a busca de um poder capaz de sustentá-lo.

Compreenda que objetivos e metas são alvos a alcançar. Um propósito, tanto alvo como seta, é, ao mesmo tempo, o ponto de chegada – até pode ser traduzido por objetivos e metas decorrentes – e o trajeto da seta.

Agora, sim, fica fácil compreender a diferença entre sonho e propósito. O sonho é o alvo inalcançável. Mesmo que se origine em bons desejos, não há seta que tope a empreitada de romper a fronteira do impossível. A menos que o transformemos em propósito, sustentado pela ordem natural.

Vale, aqui, lembrar uma frase do escritor, historiador e filósofo americano Henry David Thoreau: "Se já construístes castelos no ar, não te envergonhes deles: estão onde deviam estar. Agora, construa seus alicerces".

Bons sonhos, portanto. E todo o cuidado com os alicerces.

Dica da Díke

Lembra aquela pergunta perturbadora que ouvia quando era criança: o que você vai ser quando crescer?

Os pais esperam que o filho declare alguma profissão, de preferência bem remunerada. E, para agradar os pais, as respostas tendem a apontar a engenharia, a medicina, a advocacia. Porém, se não representarem a verdadeira vocação dos questionados e eles persistirem no engano, as escolhas serão atalhos para um mundo fora da ordem.

Se você tem filhos menores, proponho uma substituição. Ao invés do clássico "o que você vai ser quando crescer?", para que a vida continue alegre e próspera faça o convite: "do que vamos brincar, hoje?" E que vocês, pais e filhos, consigam aprender mutuamente, na esperança de que o futuro seja apenas uma gratificante decorrência do presente.

Aos que não têm filhos? Todas as crianças são nossos filhos e filhas. Interagir com elas mantém a nossa criança interior viva, experiência de que jamais deveríamos abrir mão.

28ª FAGULHA Suas aversões contêm mensagens

Quem deseja descobrir seu propósito precisa fazer contato com seus desejos – vale relembrar.

Muitas vezes, seguimos o caminho inverso, ou seja, buscamos aquilo que nos causa aversão para, a partir daí, constituir um desejo. Aversão, você bem sabe, é o que não queremos ou de que não gostamos, algo a afastar ou combater, e que, se dependesse de nós, seria melhor extinguir.

O problema de buscar nossos desejos concentrando o foco em aversões é que estas geralmente encobrem sentimentos nada saudáveis, em progressão negativa: irritação, contrariedade, aborrecimento, medo, raiva, ódio. Nada a ver, portanto, com sementes de virtuosa estirpe.

Por outro lado, nossas aversões podem nos dar boas pistas para descobrir os melhores desejos. Recordemos uma passagem da Bíblia: o chamado de Jonas, uma proposta de Deus para que ele tivesse um propósito: ir a Nínive e libertar seu povo da corrupção e da perdição. Jonas tinha aversão a Nínive e a seu povo, mas aceitou o desafio e conseguiu fazer a alquimia da aversão para o desejo.

A alquimia capaz de transformar aversão em desejo pode mudar os sentimentos que estão na base de uma e de outro. Vai exigir humildade de admitir o quanto o mundo não está armado para o nosso gosto e o discernimento de compreender e aceitar que as pessoas não estão aí para fazer as nossas vontades.

Aversões são produzidas por nosso ego e gostos pessoais. São setas no sentido contrário. Se forem redirecionadas para a alteridade, ou seja, aquilo que é benéfico para os outros, têm grandes chances de se transformar em bons propósitos.

Nossas aversões possuem energias que podem vir a ser posicionamentos corajosos e compassivos. A alquimia dos sentimentos é que vai transmutá-las nos melhores desejos e em desafiadores propósitos. Siga o exemplo de Jonas para vivenciar a diferença.

Dica da Díke

Na primeira fagulha, ofereci a "lista dos quereres" para ajudar você a encontrar os que considera mais atraentes; havia, também, uma relação de medos. Proponho, agora, um exercício contrário. Retorne às listas e classifique as alternativas que lhe causam repulsa ou das quais gostaria de se afastar, como se fossem a sua Nínive.

Considere os sentimentos subjacentes e tente compreender o que lhe causa aversão.

Escreva tudo em seu Caderno de Notas.

29ª FAGULHA Quem é o seu patrão?

Somos menos livres do que supomos e mais livres do que acreditamos. A frase talvez lhe pareça estranha, paradoxal, mas explico. A gente nem percebe, de tanta imposição a correr solta por aí. Quem se acha livre para fazer o que deseja, pode não ter notado o quanto é prisioneiro, mesmo fora da gaiola.

Não me refiro às imposições legais respaldadas pela legislação dos juristas, nem a normas adotadas em empresas e escolas ou regras sociais que cumprimos no modo automático. Com essas, já nos acostumamos. Quero que se lembre de outras, ainda mais frequentes e presentes, embora tão sutis que nem lembramos o quanto nos submetem.

– Você ainda não assistiu...? – pode ser o show da banda de rock, o último filme do super-herói, o episódio do seriado ou ainda a polêmica peça de teatro. E lá vai você correr atrás dos canais de TV aberta ou dos ingressos, pois seria inadmissível ficar de fora. Qualquer omissão quanto ao considerado "obrigatório" pode até dificultar o diálogo, em encontros sociais.

Como um cabresto invisível, mas poderoso, a manipulação emocional da indústria do entretenimento e da publicidade costuma nos conduzir para uma direção que não escolhemos, despertando uma carência sequer desconfiada, antes. É um tipo de imposição oculta.

Filmes, livros e espetáculos repetem a mesma fórmula que, até de maneira bem velada, nos impõem decisões e comportamentos automatizados. São provocados por apelos de *marketing*, área, aliás que extrapola sua função. Nascida na ciência da administração, acabou invadindo – via seduções e manipulações – outros aspectos da vida, como a religião, a política, o meio ambiente, os preconceitos, a sexualidade etc.

Reafirmo, então: somos menos livres do que supomos, pois não detectamos tais imperativos. Nas poucas vezes em que os notamos, já fomos fisgados.

Ao mesmo tempo, sem receio de parecer que me desdigo, afirmo: somos mais livres do que acreditamos. Mesmo em pleno transe, ainda somos dotados de discernimento, virtude que nos traz de volta para o centro, sem perder de vista nosso verdadeiro propósito de vida.

É certo que não podemos controlar nem evitar, a princípio, as inúmeras armadilhas externas que tentam nos conduzir para onde não escolhemos ir. Mas temos, sim, a capacidade de nos manter ligados a um propósito que funcione como um eixo, um centro virtuoso, permanecendo a salvo de cantorias sedutoras e impositivas de perigosas sereias.

Dica da Díke

Existe uma acirrada e contínua disputa por sua atenção. A Globo, a Netflix, o Google, entre outros espaços virtuais, a querem concentrada em suas programações, noticiários e filmes. Também os blogs, faces, linkedins e instagrans. Todos chamam você, com a insistência de um ímã poderoso. Sem contar outros apelos fora da área do entretenimento, como os protagonistas da política, sobretudo quando estão em campanha, e as empresas ávidas por angariar e fidelizar clientes.

Se todos querem é porque a sua atenção é muito valiosa! Então não a entregue, assim, de mão beijada. Faça-a render.

Para que renda, trate de ser quem atrai. Como? Por meio do seu propósito, para que seja um filtro, capaz de liberar o que lhe diz realmente respeito, impedindo a passagem de impurezas.

Na mais justa medida.

30ª FAGULHA Torne-se refém

Ouvimos em algum lugar que o apego não é boa coisa, mas existe e é algo bem comum. Quer um exemplo? Comece por você. Observe se, para se sentir alguém, precisa de um sobrenome que remeta a um cargo, função, departamento ou empresa. Fulano do financeiro, sicrana do RH, beltrano da companhia XYZ são denominações que indicam apego. São falsas identidades, que transformam qualquer pessoa em um ser utilitário. Ela esquece de sua essência, reduzida a mera ferramenta. É tudo muito sutil, observe.

Examine com cuidado cada situação e verá que o apego está mais presente do que pode imaginar. É, de certa forma, produto do medo: de perder, de fracassar. Verifique e constate como está presente até em pequenos detalhes, normalmente nem detectados.

Por outro lado, por mais estranho que pareça, o que falta para alguns é um pouco mais de apego. Sim, o reverso da moeda também existe, representado por aqueles que não se envolvem com nada, nem mesmo consigo eles se comprometem. Sim, porque lhes falta sensibilidade, compaixão e engajamento. Levam vida de turista e de mambembe, sempre de passagem.

Existem, portanto, bons e maus apegos. O desafio é escolher a primeira opção. O discernimento ajuda e o propósito é um bom crivo. Apegar-se a um bom propósito permite transformar o transitório, do turista, no transcendente, do peregrino. É comprometer-se consigo, com os outros e com a vida. Uma atitude que revela integridade.

Penso que muitos de nós temem o compromisso, por acreditar que reduz o leque de opções e cerceia a liberdade. Crasso engano. Amor é decisão e compromisso, então o apego – a partir da escolha do propósito – é uma libertação. "É querer estar preso por vontade", como diz o verso do poeta português Luís de Camões. Um tipo de amor que justifica plenamente tornar-se refém, para sempre.

Dica da Díke

Quem descobriu o seu propósito resolveu estar preso por vontade e servir a quem vence, o vencedor, complementando os versos de Camões. Nesse caso, o vencedor é o propósito, justamente essa feliz conexão entre a chama e o chamado.

Madre Teresa de Calcutá é um exemplo dessa inclinação virtuosa. Certa vez, ao vê-la limpando as feridas de um mendigo, um jornalista lhe disse: "Irmã, eu não faria isso nem por um milhão de dólares". Ao que ela, prontamente, respondeu: "Nem eu".

Qual é o seu sacrifício? Ou melhor, o seu sacro ofício, o seu ofício sagrado, aquele que você faria até de graça?

Reflita e responda, por escrito, no Caderno de Notas.

31ª FAGULHA Faça do seu trabalho uma bênção

A frase que costuma dizer quem escolheu seguir um plano de carreira, muitas vezes sem saber ao certo quando e por que, é: "Sou o que faço".

Trabalhei uma década e meia em uma instituição financeira para descobrir, aos trinta anos de idade, que aquilo não me dizia respeito. Sentia um incômodo indecifrável, enquanto a intuição me sussurrava que meu caminho não era aquele. Eu exercia meu trabalho com dignidade, mas nada tinha a ver com meus dons e talentos.

O incômodo e a intuição me rondaram por três anos até que tomasse a decisão de nadar contra a maré. Pois a maré, seguida por muitos de meus pares, era seguir o plano de carreira, fazer os cursos correlatos, com as devidas pós-graduações, e, se possível, mestrar e doutorar, como quem opta por cavar o mesmo buraco, cada vez mais fundo, a vida inteira.

Se nadasse com a maré, eu me transformaria em meu cargo ou profissão e nos afazeres pertinentes. Uma forma de me reduzir ao currículo vitae. Nada além de assegurar o próprio sustento.

Deixei a profissão de lado e fui em busca de minha vocação, aquela voz interior que insiste em nos lembrar por que estamos aqui. Somos chamados para algo e todos temos uma incumbência, no planeta. É claro que a vocação pode ser exercida por meio de uma profissão ou cargo, mas desde que o diálogo entre formação e inclinação natural seja transparente e franco, para não cair na cilada do lugar--comum, o mundo do emprego e do plano de carreira.

Descobri meu tino para a educação e a escrita com a virtude do autodidata. Resolvi empreender. Sempre fui fascinado pelo ambiente de negócios, na certeza de que existe para contribuir com o mundo. É o que eu poderia fazer com meu empreendimento, ajudando outros a realizar o mesmo.

"Faço o que eu sou" é a frase de quem vive a sua vocação e, por meio dela, pode exercer profissões e funções existentes ou inexistentes. A maior graça que alguém pode vivenciar é assumir a própria vocação, fazendo do trabalho uma bênção.

Dica da Díke

"Seja inteiro!" Mas como, sendo alguém inacabado?

Se a afirmação e a pergunta lhe parecem confusas, saiba que ser inacabado é diferente de ser incompleto. Todo ser inacabado oscila da tolerância à irritação, da tristeza à alegria, da ansiedade à serenidade. Ser inteiro é, justamente, viver essas condições humanas sem camuflá-las, sem simulacros, sem representações.

Todo ser humano pode se transformar, continuamente, em algo maior do que o seu "inacabamento". Devir é o que cada um é potencialmente. A força dos opostos produz a potência que levará ao devir.

É libertador saber que ninguém é inferior nem superior a quem quer que seja. Cada um é inacabado a seu jeito e tem um potencial único a ser descoberto. A jaboticabeira pode produzir jaboticabas, assim como a amendoeira, amêndoas. Ambas, como as demais árvores frutíferas, têm a capacidade latente de se tornar aquilo que já são. É seu devir.

Por isso, não há por que fazer comparações. Os seres humanos vivem a mesma condição: a de serem inacabados. Cada um é "inacabado" à sua medida. O desafio, no entanto, é o mesmo para todos: viver o que são, potencialmente. Trata-se, portanto, de um repto individual, o de conquistar seu próprio potencial. Tal conquista é a merecida realização, a plenitude e o contentamento.

Divida o seu Caderno de Notas em duas colunas. O título da primeira deve ser "minhas características", incluindo todas, sejam positivas ou negativas. Denomine a segunda de "meu devir", nela acrescentando aspectos que não constem da primeira.

Saiba desde já que você "já é" o seu "ainda não".

MINHAS CARACTERÍSTICAS

MEU DEVIR

ORDINAL 5 Ação correta

"A atitude vem antes, a coragem vem depois."
VELHO TAFUL

32ª FAGULHA Pode não ser essa gravata o que sufoca

Às vezes, o que pega mesmo é a falta de autoestima. Tome como exemplo um jovem que apanha nos estudos, no vestibular, nos relacionamentos, na vida. Não consegue arranjar um bom trabalho. O conceito que tem de si fica abaixo da sola do sapato. Conheço muitas pessoas assim, embora saiba que sejam inteligentes e talentosas. Perdem a confiança em si mesmas, por sofrer tantas derrotas. Mas, se são inteligentes e talentosas, porque fracassam?

Falta-lhes um significado. Afinal, para que ou por que dedicar-se aos estudos, enfrentar vestibulares, relacionamentos e o próprio cotidiano, se tudo está encaixado em uma roda-viva institucionalizada e muito corriqueira?

Na ausência de significado, a intenção não tem como orientar-se nem a ação a movimentar-se. E a ação é que oferece a força necessária para que a roda se mova. Sem ela, o que resta é um inútil dispêndio de energia, tempo e atenção.

Você até pode programar sua semana entre aulas de inglês, leitura, estudo, exercícios na academia, encontros sociais ou familiares. Mas nada terá um efeito duradouro ou gratificante sem que haja um propósito que ofereça significado.

Por outro lado, tudo isso é capaz de gerar resultados surpreendentes, sem que seja preciso adicionar mais tempo a cada uma das atividades, apenas orientando a intenção e intensificando a ação. Trata-se de qualidade, não de quantidade.

Voltando ao assunto da autoestima, lembre-se de que o sentimento de incapacidade, incompetência ou mesmo impotência pode derivar da falta de um propósito que ofereça significado à sua agenda diária. Como diz o verso da canção do cantor e compositor Taiguara, campeão de festivais de música nas décadas de 60 e 70, "pode não ser essa gravata o que sufoca". Com discernimento, aja exatamente onde é possível obter os melhores resultados.

Dica da Díke

Olhe, não vou dourar a pílula não. O que eu tenho para lhe dizer é "não se diminua tanto, você não é tão grande!". E peço que tenha calma, antes que comece a se sentir o cocô do cavalo do bandido que não entrou em cena. O que estou tentando lhe dizer é "não se leve tão a sério".

Autoestima é parente do narcisismo. Em ambos você é o centro das atenções, subvalorizando-se ou supervalorizando-se. Dá na mesma.

Caso se considere o centro das atenções, comece mudando o sentido da seta. Foque no outro.

Ponto.

33ª FAGULHA Eternize o que é bom

"Isso vai durar uma eternidade!"

É o que costumamos dizer, desacorçoados, quando algo ruim insiste em não acabar. Mas que tal usar a mesma frase para tornar perenes as coisas boas? Estas, em especial as mais relevantes e significativas, duram uma eternidade. Duvida?

Vou dar um exemplo: todos almejamos melhor qualidade de vida e bem-estar. Quem não quer? Mas ambos podem ser apenas ambições do aqui, de nossa dimensão física e material. Quase sempre, boa parte de nós tenta resolvê-las igualmente por meios físicos e materiais. E as soluções acabam sendo provisórias, circunstanciais, superficiais e efêmeras.

Qualidade de vida e bem-estar poderiam durar uma eternidade?

Sim, se compreendermos que as nossas ambições no aqui não se eternizam sem o acolá – uma dimensão imaterial, ou seja, não física, mas emocional, moral e espiritual. Impalpável, portanto.

Antes de criticar minha abordagem, por considerá-la abstrata demais, saiba que impalpável é diferente de inacessível. O acolá é acessível, pois todos nós somos dotados de várias dimensões.

Carências são demandas do aqui, sem um alinhamento adequado com o acolá. Em vez de alegrias, causam medos de todos os tipos: de não conseguir, de perder o que foi conquistado, de desapegar-se. Quando deixamos a solução para nossa vida e bem-estar apenas por conta do aqui, fatalmente recaímos em proposições datadas e incertas.

Precisamos nos acudir no acolá, acessar nossos desejos, trazer para o aqui as nossas dimensões mais sutis. Quando elas surgem de dentro para fora, qualidade de vida e bem-estar duram uma eternidade. Acredite.

Dica da Díke

Eternizamos rastros ou pegadas, a depender de nossas ações. Ambos deixam marcas (ou carmas) no aqui, mas diferem, quando se considera o acolá.

É sutil a distinção entre rastros e pegadas. Ambos são vestígios e falam mais sobre nós do que os nossos discursos. Para saber quem uma pessoa verdadeiramente é, considere não o que ela diz a respeito de si mesma e de suas intenções, mas sim o que realiza, as suas ações, os sinais que deixa, depois de ter passado. Rastros são passageiros e qualquer ventinho os apaga. Pegadas permanecem, como legados.

Rastros ou pegadas? Pense nisso ao examinar seus desejos e propósito.

34ª FAGULHA O paradoxo do *aqui* e do *acolá*

Um dos objetivos da metanoia, a mudança de modelo mental, é elevar a consciência. É expandir-se no acolá, termo que já analisamos. Consciência e acolá são palavras subjetivas, o que dificulta seu entendimento uniforme. Mesmo assim, muitos de nós tendemos a acreditar na existência de algo em outra dimensão, capaz de fazer com que lidemos melhor com o período entre o despertar e o cair no sono, ou seja, o exercício da existência consciente.

Elevar a consciência significa buscar um patamar superior, além da ignorância e da limitação, para refinar nossos pensamentos e sentimentos, uma energia virtuosa originada de nossos mais nobres valores. É algo acessível a todo ser humano.

Sempre que me refiro à expansão da consciência e ao acolá, muitos entendem que implica desconectar-se do aqui, o mundo árduo da rotina diária, das tarefas enfadonhas, das trivialidades obrigatórias. Elevar a consciência, entretanto, não significa viver somente no acolá, mas sim manter os pés no aqui, lidando de maneira coerente com o que nos acontece em todos os níveis.

Cabe, então, a pergunta: depois que eu descobrir o propósito, a minha vida vai mudar?

Não e sim!

Não, a sua vida não vai mudar. Você vai continuar a comer, dormir, trabalhar no emprego de sempre, descansar, morar na mesma casa, manter os parceiros, parentes e amigos. Nada radical, acredite.

Mas, por incrível que pareça, sim! Você e a sua vida vão mudar. Jamais será a mesma pessoa ou viverá como costumava. Muitas coisas que antes passavam batidas, ganham significado e sentido. Você as enxergará e a seus semelhantes de outra forma. A sua relação com tudo se altera profundamente. É radical, sim!

Então, muda ou não muda?

O que nos paralisa é a inconsciência. Aquele estágio em que não temos a menor ideia do que desconhecemos, perseverando na mania de tentar encaixar a realidade em nosso estreito campo de visão.

O propósito vai abrir uma janela ou talvez uma réstia que seja, permitindo o ingresso da luz que ajuda a enxergar melhor o ambiente. Discernimento é o nome que se dá a essa capacidade de compreender a realidade e ajustá-la às nossas percepções, e não o contrário.

É nesse estado de luz e sabedoria que o propósito se apresenta. Justamente no lugar mais natural onde a ordem sempre está: no coração da criança presente em nós.

Dica da Díke

Uma historinha da tradição budista. Certa feita um discípulo perguntou ao mestre zen como era sua vida antes da iluminação, e a resposta foi:

– Cortava lenha, carregava lenha, acendia o fogo.

– E agora? – indagou, curioso, o jovem.

O mestre respondeu sem hesitar:

– Corto lenha, carrego lenha, acendo o fogo.

Não existe qualidade de vida na existência sem antes expandir a consciência, nem existe bem-estar no aqui sem a ajuda do acolá. Mas, acredite: você vai continuar fazendo compras no supermercado, enfrentando filas no metrô e conferindo saldos na conta corrente do banco.

Se quiser elevar-se além do trivial e do ordinário do cotidiano, você tem de estar no aqui e no acolá. É uma interação virtuosa, que vale a pena vivenciar com plena consciência e nobres valores.

Topa?

35ª FAGULHA É dando que se recebe

Lembro da sordidez com que o meio político passou a encarar o sublime verso da Oração da Paz "é dando que se recebe". Sua autoria é inspirada em São Francisco de Assis, mas os corruptos transformaram a mensagem em um vergonhoso toma lá dá cá, apostando no velho cinismo de que uma mão lava a outra.

Sim, é dando que se recebe! Vamos retomar a ideia original. O santo sabia que, quando se dá com amor, algo em nós se eleva e esse algo é o próprio amor. Expressá-lo, em toda sua grandeza sutil, depende de uma ação concreta.

Aliás, o amor tem magia, mesmo. Impossível conhecê-lo sem que seja dado, transformado em gesto. Conceitos, definições ou teorias, sejam quais forem, não servem para nada, até que a gente o experimente por conta própria, e essa experiência vem da doação, da entrega, da ação despretensiosa. É dando, portanto, que se recebe o amor.

A magia continua no ato de receber. Quem conhece o amor, é capaz de reconhecê-lo também quando ele é dado. A ordem natural é abrir-se para acolhê-lo. Então, mesmo receber é um ato de doação. Consentir em que alguém nos dê amor é permitir, também, que o amor cresça no outro.

Quem é incapaz de receber amor, não acredita na capacidade de amar das pessoas. Assim, fecha-se, tapando qualquer brecha que permita ao amor penetrar. Elimina, portanto, a chance de que alguém lhe ofereça o que nega existir. Quantas vezes já amamos sem nos sentirmos correspondidos? Lamentavelmente, quando o amor não encontra espaço para se aninhar, morre asfixiado.

Prestem atenção todos aqueles que não se sentem queridos e perderam a esperança nesse sentimento tão elevado! O amor está no ar. Ele é a nossa essência, é o que somos. Caminha por aí em cada ser humano, ora desesperado, ora apaixonado. Muitas vezes não consegue conter o seu dom e, num arroubo, é capaz de dar-se mesmo a quem não deseja recebê-lo. É a prova maior de sua infinitude e a sua suprema vitória. Ame e contemple essa maravilha!

O amor é a ação correta.

Dica da Díke

"Eu te amo!"

A frase é citada exaustivamente nas canções de amor, nos versos de poetas apaixonados, nos romances de cinema, nas novelas da televisão, nos namoros intermináveis.

A declaração, porém, nem sempre diz a mesma coisa. Afinal, quem é o ser amado? Você o conhece? A que amor está se referindo? Quem é o "eu" que ama?

Se o "eu" que ama não se acha merecedor do mesmo amor destinado a "quem" ama, o fluxo se interrompe e não prospera. É um amor fora da ordem.

"Eu te amo" só tem poder, quando na ordem natural.

Hybris é desmedido em tudo, menos no que mais importa. E o que mais importa é o Amor. A medida do amor é o amor sem medida, disse Santo Agostinho.

O amor é e sempre será a ação correta.

CAPÍTULO 2 Fora da ordem

"É preciso um sul para saber onde fica o norte."
VELHO TAFUL

Faísca

"Alguma coisa está fora da ordem", canta Caetano Veloso, cantor e compositor da primeira linhagem da música popular brasileira, em uma de suas criações indignadas. Para ter mais clareza a respeito, vale investigar quando estamos fora da ordem.

Alguma coisa está fora da ordem quando desperdiçamos muito tempo em algo sem significado ou ficamos presos, apegados a uma rotina.

Alguma coisa está fora da ordem quando a nossa energia é sugada, levando a vitalidade física e mental a lamber o chão.

Alguma coisa está fora da ordem quando nos esforçamos demais para atingir os nossos objetivos e metas.

Alguma coisa está fora da ordem quando o tédio supera a disposição.

Alguma coisa está fora da ordem quando nos frustramos porque o que almejamos não acontece rápido como gostaríamos.

Alguma coisa está fora da ordem quando nos sentimos inúteis ou pouco úteis, sem fazer algo verdadeiramente significativo.

Alguma coisa está fora da ordem quando atravessamos uma crise, pessoal ou profissional.

Alguma coisa está fora da ordem quando nos ressentimos do que ainda não conquistamos ou possuímos.

Alguma coisa está fora da ordem quando a raiva nos assalta, porque a realidade não é do jeito que imaginamos ou nossas expectativas são malogradas.

Alguma coisa está fora da ordem quando procrastinamos, deixando sempre para depois o que precisa ser feito.

Alguma coisa está fora de ordem quando escolhemos viver na desordem, desde a maneira como está a nossa casa até o cotidiano, no trabalho.

Dica da Díke

Um mal-estar denuncia que algo está fora da ordem. O alerta para que se retorne à ordem natural é dado por nossos sentimentos.

Como vimos na 13ª Fagulha, "quem conhece, reconhece". É normal resvalar para fora da ordem; é natural retornar à ordem.

A lâmpada pode ser normal
a luz é natural
Aquela música pode ser normal
o som é natural
A fome pode ser normal
o alimento é natural
A lei pode ser normal
a moral é natural
O sono pode ser normal
o sonho é natural
A guerra pode ser normal
a paz é natural
A falta pode ser normal
a fartura é natural
A miragem pode ser normal
a imagem é natural
O vício pode ser normal
a virtude é natural
O atalho pode ser normal
o caminho é natural
O mundo pode ser normal
a vida é natural
O medo pode ser normal
o amor é natural
E como poderia ser diferente quando se trata da gente?
Como não ser naturalmente quando se trata de gente?

(Versos da canção Naturalmente *do autor com a cantora e compositora Socorro Lira)*

As fagulhas que se seguem vão ajudar você a identificar elementos, fatores e situações que conduzem para fora da ordem. Reconhecê-los, principalmente quando se expressam e revelam, ajuda a fazer a conversão e tomar o rumo correto.

36ª FAGULHA Saiba quem nos leva para fora da ordem

Viver na ordem natural é também reconhecer o que nos leva para fora da ordem. Vou logo dizer o nome do vilão: o Mórbido!

Ele é um dos personagens de *O velho e o menino*. Representa a ansiedade e o medo, sorrateiros inimigos, sempre à espreita. Quando alguém pergunta como livrar-se dele, o Velho Taful responde:

"Você não vai se livrar. O Mórbido é como a escuridão. Quando estamos imersos nela, o que precisa ser feito é acender uma luz. Somente a luz pode tomar o espaço da escuridão.

O propósito é como a luz que neutraliza o poder da escuridão. A luz, advinda do propósito, se sobrepõe à escuridão sem combatê-la. Na verdade, a escuridão continua lá e retorna, caso a luz se enfraqueça ou se apague. Não foi embora nem foi abatida. Permanece latente e invisível.

É bom lembrar-se de que a luz, advinda do propósito, terá a força dos desejos que a sustentam. Tais desejos são como a voltagem do propósito. Sua intensidade será tanto mais vigorosa quanto mais vigorosa for a força dos desejos."

Outra pergunta se segue à primeira: qual é a importância do Mórbido na busca do propósito? O Velho Taful volta a responder:

"É preciso um sul para saber onde fica o norte. De certa maneira, o Mórbido deixa claro, para todos nós, que tudo podemos, mas nem tudo nos é conveniente.

O Mórbido, assim como o propósito, tem o poder de nos colocar em movimento. Ambos nos movimentam, mas para direções e com sentidos diferentes. Acontece, no entanto, que o Mórbido não é o melhor governo. Sempre que decidimos ou agimos com base no medo – exatamente o que o Mórbido representa – os resultados nunca serão bons, ainda que brilhem os olhos no primeiro momento, seduzidos pelo canto da sereia.

Quando decidimos e agimos com base no propósito, estamos sendo impulsionados por nossos desejos. E se você os mantêm vivos 24 horas por dia na ordem natural, pode ter certeza de que o universo trabalha para você."

Dica da Díke

Você quer perder a medida? Fácil.

Imagine-se indo ao cinema no centro da cidade e, de repente, na sala de projeção, vem uma cisma: será que travou as portas do carro? Para piorar o panorama imaginário, você lembra que o seu notebook está no porta-malas. Mais grave, ainda: há tempos não faz backup. O filme começa e a hipótese incômoda não lhe sai da cabeça, mas não ousa sair da sala porque teme atrapalhar os espectadores. Você acha que vai prestar atenção no que se passa na tela?

Lá fora, onde deixou o veículo, talvez não esteja acontecendo nada. As portas do veículo estão fechadas e ninguém as arrombou nem roubou seu computador. Mas a sua atenção não está mais onde devia estar.

Entendeu?

Isso pode e vai acontecer várias vezes. Fique alerta. Mantenha-se consciente. Impeça que o Mórbido domine. Quem lidera é você!

37ª FAGULHA O antídoto está no veneno

Se o Mórbido é, ao mesmo tempo, um fato e um estorvo, aprenda a reconhecê-lo, sem se deixar enganar. Ele se apresenta de diversas formas. Existem mórbidos e mórbidos e, para driblar cada um deles, recorra a atitudes e estratégias diferentes, destinadas a impedir interferências nas mudanças que precisam ser feitas.

Um Mórbido muito comum é o medo do desconhecido. Geralmente a resistência às mudanças é explicada com base nessa velha crença, apenas uma entre muitas que não correspondem à realidade ou, no máximo, talvez represente só uma parte dela. Sim, porque uma das maiores resistências à mudança está no apego ao conhecido e no medo de perdê-lo.

As pessoas se habituam a cargos e funções, rotinas, maneiras de trabalhar, ambiente, mesa, cadeira e até quadro na parede. E a outras pessoas, também. Então, em vez de procurar justificativas para a resistência, busque e escolha outra estratégia capaz de viabilizar a mudança.

E que outra estratégia seria? A mesma que a medicina usa para produzir remédio a partir de veneno. Crie um antídoto com base no próprio apego. Diante do inevitável e próprio do ser humano, o melhor é elevar o teto, conduzindo as pessoas a se apegar a algo superior.

Toda mudança é a migração de um ponto A para um ponto B. Nem sempre o ponto B é melhor do que o anterior, o que faz com que os apegos se acentuem ainda mais. A resistência em sair de A não é pelo desconhecimento de B, mas pelo apego às coisas e pessoas de A. Uma saída, então, é acenar com bons apegos em B.

163

O meio mais eficaz para isso é a criação de um propósito inspirador no ponto B. Um propósito evidentemente superior ao que se vive no ponto A. Algo que seja capaz de fazer com que as pessoas queiram desprender-se. Apegar-se a esse propósito é a força impulsionadora da mudança a efetivar.

Atente ao detalhe da nova estratégia: não se trata de dar visibilidade a B, tornando-o mais conhecido, mas de afrouxar as amarras, distendendo os apegos existentes, para que ressurjam em outra dimensão, mais próspera e favorável.

Dica da Díke

Vou lhe dar uma dica de ouro: coloque o Mórbido para trabalhar para você. Se ele não é um bom governante, que seja um servo útil. Canalize a energia dele a seu favor. E aproveite a sabedoria budista:
  "Bebida pela vaca, a água se transforma em leite.
  Bebida pela cobra, a água se transforma em veneno.
  A água é a mesma".

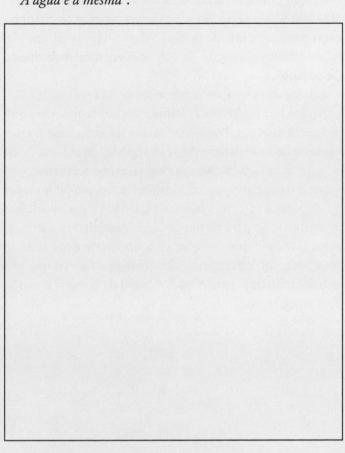

38ª FAGULHA Designe-se em vez de resignar-se

Muitos são os atritos diários e, às vezes, parecem se concentrar em um mesmo período de tempo, seja ano, mês, semana ou dia. Não há quem aguente a contundência e a continuidade da coisa. Mas, geralmente, nos resignamos.

Não raro esse verbo é considerado positivo, aplicado à atitude de alguém que enfrenta os dissabores sem se abalar. Há quem entenda tal conduta como sinal de serenidade. Mas não é. A resignação – e aí mora o perigo – costuma estar mais próxima da acídia, palavra não usual que significa enfraquecimento da vontade, acomodar-se diante de desafios.

Quem não viveu ou já presenciou essa realidade?

Todos nós temos uma chama interior, repito, para que ninguém esqueça. Pode estar quase apagada, quando permanecemos em estado de acídia, pode estar meia-boca, ou seja, acionada por alguma vontade não relevante, ou – e esse é o desejável – estar incandescente, em pleno vigor.

Para que a terceira opção se manifeste é preciso deixar de resignar-se para designar-se. E designar-se não é esperar que um tapete se estenda à sua frente e encaminhe você para a ordem natural. Designar-se é fazer o que precisa ser feito hoje para mudar o curso da história amanhã. Sem resignação.

Dica da Díke

Nada vai acontecer sem o primeiro passo. Não foi o mar que se abriu para a passagem de Moisés e dos hebreus, mas sim foi o passo decisivo de Moisés, conclamando as águas para conquistar a ampliação do horizonte.

Qual é o primeiro e inadiável passo, aquele que precisa ser dado hoje (e não amanhã), por você (e mais ninguém), rumo ao seu propósito?

Trata-se de um ato de fé e, como disse Martin Luther King, "fé é pisar no primeiro degrau, mesmo que você não veja a escada inteira"!

39ª FAGULHA Aniversário digno de comemoração

"Fulano está mais maduro, menos inocente, não admite ser passado para trás, deixou de ser bobo". Ao que tudo indica, o mencionado cresceu, se desenvolveu ficou mais experiente.

Essas referências são feitas principalmente nas datas de aniversário, como se houvesse necessidade de justificativas para festejar e oferecer congratulações. Mas tudo o que consigo escutar é que o aniversariante se tornou mais complexo, perdeu a simplicidade. Desconfiado e prevenido, revestiu-se de uma couraça para se proteger. Passou a evitar o risco e a querer a segurança acima de tudo. Para usar uma só palavra, envelheceu. Literalmente.

Quem disse que envelhecer e conquistar a maturidade são a mesma coisa? É claro que não podemos ser infantis uma vida inteira. A maturidade é um estágio necessário, imprescindível mesmo, porém não exige perder a ingenuidade e a simplicidade.

Há quem envelheça sem conquistar a maturidade. Além das dores físicas, inevitáveis, enfrenta também as psicológicas, que poderiam ser evitadas. Sim, fulano está menos inocente, não se deixa passar para trás, parou de ser bobo, mas, em troca, tornou-se ranzinza, mesquinho, rancoroso e melancólico.

Vida bem vivida é aquela que tem uma significação. É possível graças a um propósito, que leva o fulano a se situar no fluxo de seu tempo e ter êxito na expansão de sua consciência. Sobretudo, sem deixar de ser simples, ingênuo e vulnerável, como uma criança.

Amadurecer, de verdade, pode e deve ser muito mais do que apenas envelhecer, algo instintivo e involuntário.

Amadurecer é fazer muito bom uso das virtudes e potencialidades amealhadas a cada dia. É a conquista de um estado de espírito.

Então, quanto mais o fulano baixar a guarda, tirar a máscara e remover a couraça para falar sobre as suas lutas, mostrando toda a sua vulnerabilidade e humanidade, mais alcança a maturidade.

Aí, sim, está uma conquista digna de todas as comemorações.

Dica de Díke

Quem gosta de se sentir vulnerável?

Vulnerável é a parte fraca de um assunto ou de uma questão, ou a parte frágil de alguém que poderá sofrer ataques, ferimentos ou derrotas.

Não é algo que caiba na fantasia do arquétipo do herói implacável. No entanto, saiba que a vulnerabilidade nos ajuda a encontrar a justa medida. Sim, porque nos leva a baixar a guarda e eliminar a redoma que nos protege da dor, mas, sobretudo, do amor. Por isso, é um dos meus dons.

Ser vulnerável é abrir-se para receber.

40ª FAGULHA Abaixo a ingenuidade!

"Não seja ingênuo!", disse o irado pai ao filho, como xingamento. E o menino, acabrunhado, encolheu-se. Se pudesse, escondia a cabeça debaixo da terra. Decerto, sentindo-se ínfimo aos olhos do pai, que reforçou ainda mais a crítica: "você não acha que já está na hora de deixar de ser assim?"

Não acompanhei todo o caso, captado já em curso. Consegui acompanhar só o final. Fiquei observando o garoto, que parecia nem saber ao certo em que se equivocara, se é que houvesse mesmo, e qual seria a ligação entre sua ingenuidade e a frustração explícita do pai.

Em minhas elucubrações, pensei o quanto é duro perder a ingenuidade e por que ser ingênuo é considerado algo negativo. O que foi feito de nós?

Lido com adultos nada ingênuos. Ao contrário, transformaram-se em pessoas matreiras e maliciosas. Estão sempre jogando verde para colher maduro. Seus movimentos são políticos, dissimulados, manipuladores, na expectativa de ganhar algo não declarado. Jogam consigo, com os outros, com a vida.

O pior, para esses não ingênuos, é que projetam nos outros aquilo que são. Para eles, sempre existe uma mensagem oculta nas entrelinhas, uma carta na manga que será sacada a qualquer momento, e alguém disposto a lhes passar a perna depois de fazer um discurso bonito. Acham que, na verdade, seus interlocutores sempre querem lhes vender algo, o que, trocando em miúdos significa ficar com dinheiro deles.

O esperto, antônimo do ingênuo, está a um passo de virar cínico, uma deplorável figura humana.

Quem perde a ingenuidade deixa de confiar nos outros e na vida, que se transforma em um inferno, pois esse é nome do lugar onde impera a desconfiança. Vive sempre fora da ordem.

Quem mantém viva a sua ingenuidade, ainda que sofra algumas decepções e até traições, conserva a sua criança viva e é ela que vai socorrer o adulto todas as vezes que o mórbido, seja na forma de esperto, seja na forma de cínico, cruzar o seu caminho.

A ordem natural é o lugar da criança.

Dica da Díke

Pois vou lhe contar uma história. Os discípulos do teólogo e filósofo italiano Tomás de Aquino, tentando importuná-lo, quando estava compenetrado em seus escritos, chamaram-no, insistentemente:

– Mestre, venha depressa! Veja o que está acontecendo! Olhe pela janela, tem um boi voando!

Tomás de Aquino largou o que fazia e foi conferir o que acontecia lá fora, enquanto seus aprendizes riam da ingenuidade dele.

– Mestre, com toda a sua sabedoria, como pode acreditar em um boi voando?

Ao que ele respondeu:

– Prefiro acreditar que um boi possa voar do que perder a confiança em vocês.

Se fizéssemos o mesmo com as crianças, na certa teriam atitude semelhante à do mestre. Nenhuma hesitaria. Se fossem adultos, é possível que ninguém se mexesse e ainda zombasse da insanidade alheia.

Perder a criança interior é abrir mão da confiança e da esperança, palavras tão correlatas que rimam, tamanha sua afinidade. Muitos adultos até tentam reaver a confiança e a esperança perdidas, mas em vão, pois continuam sisudos e resmunguentos. Totalmente fora da ordem.

41ª FAGULHA Quem você pensa que é?

Antes de mais nada, é bom saber: você está onde deveria estar. Pode parecer estranho que eu lhe diga isso. Desde o início, recomendo-lhe uma viagem de busca ao invés de fuga. Uma jornada de peregrino, não de turista. A vida na ordem natural, não fora dela. Viagem, busca, peregrinação, ordem natural sugerem movimento, então pareço me contradizer ao abrir o parágrafo afirmando – repito – que você está onde deveria estar, ou seja, não há para onde ir.

Acontece que você resolveu parecer mais do que ser. Passou a acreditar que é outra coisa, inventou uma identidade distinta da real, desenvolveu uma segunda personalidade. Perdeu de vista a sua primeira intenção e a substituiu por segundas intenções. Por que deixou de ser quem é para dissimular, aparentando ser quem não é?

Arrisco algumas respostas: ambição, ascensão, sucesso. Quanto mais você persegue essas coisas, mais tenta impor sua estranha criação, distanciando-se de si. Arrisco dizer que tem medo de rejeição, de inadequação. Enquanto o medo está no comando, o amor, seu oposto, não tem lugar. E quem você pensa que é: medo ou amor? Reflita um pouco antes de responder, pois quem sabe compreenda de uma vez por todas que você está onde deveria estar.

A viagem de busca não é para fora. O mundo externo só vai deformar você ainda mais. Tratará de revestir o personagem de coisas que são tudo, menos você, um ser único. Não se compare nem se equipare. Evite o risco de se assemelhar a outras identidades, personalidades, também perdidas de si mesmas.

Seu devir não é algo que se encontra no futuro. Aliás, procurar garanti-lo é uma viagem insana que elimina toda a beleza do momento. Trocar o presente pelo futuro é o mesmo que substituir o ser pelo parecer.

Em outras palavras: você já está lá. O aqui é o acolá. O acolá já está aqui.

Complexo? Pois é mais simples do que parece.

Dica da Díke

"Quem você pensa que é?" Escreva esse título em seu Caderno de Notas e divida a página ao meio. Do lado esquerdo, coloque suas características mais representativas. Do lado direito, o antônimo delas.

Por exemplo: se você colocou "esforçado(a)" do lado esquerdo, opte por "preguiçoso(a)" do lado direito ou outro sinônimo da palavra sugerida.

Analise ambas. Por trás do "preguiçoso(a)" pode haver uma existência com mais leveza e menos rigor, enquanto por trás de "esforçado(a)" talvez haja uma vida mais tensa, agitada e com nível elevado de exigência.

Qual é a justa medida?

Aquela que integra os polos e faz aflorar, com equanimidade, todas as energias que existem em você.

CAPÍTULO 3 Rosalina

"Não fique aí fazendo alguma coisa, sente-se."
VELHO TAFUL

Faísca

Uma personagem de *O velho e o menino* conquista vida própria e vai além das páginas do livro. É a magrela de Aladim, Rosalina. Mais precisamente a sua roda, que se oferece como metáfora e síntese.

Todos conhecemos uma roda de bicicleta, com a parte metálica feita de aro, eixo e raios. O eixo é o centro, enquanto o aro é a periferia, em que se ajusta o pneu, vítima de todos os atritos proporcionados pelo mundo. Resvala sobre pedras, pregos, pedregulhos, cacos de vidro. Cheia de sacolejos e surpresas, a vida na periferia da roda é um atordoamento diário.

Vários são os efeitos da sucessão de atritos: a dispersão do que verdadeiramente importa e da maneira de compreender a realidade e a deformação do que seja a própria essência da vida.

Há quem tome tanto gosto por essa aventura insana que não consegue viver sem ela, na enganosa, embora muito comum, certeza de que depende da produção diária de adrenalina. O resultado de tamanho equívoco é uma vida fora da ordem, numa constante rota de fuga, em que a acídia se instala causando danos para quem assim a considera e para o seu entorno.

Somos quase totalmente programados para perceber apenas o que está acontecendo "lá fora", no mundo que nos rodeia. Transformar a rota de fuga em rito de busca exige que recuperemos a centralidade da vida. À medida que começamos a nos tornar mais conscientes do que acontece em nossa mente, claramente diferenciamos as duas realidades: a interior e a exterior.

Do centro, nos distanciamos em parte dos acontecimentos da periferia, o que nos permite examinar, com a isenção do olhar consciente, tanto o mundo de fora como o de dentro. Desse olhar consciente, adquirimos a intenção, a percepção, a relação, a conexão e a ação corretas.

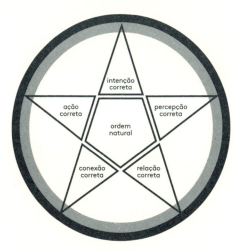

O maior patrimônio de que dispomos para dar uma contribuição ao mundo somos nós mesmos. Se a nossa consciência não estiver no comando, seremos arrastados pela inconsciência. A Contemplação de Rosalina tem o poder de nos trazer de volta ao eixo, de nos manter na ordem natural e de fazer da vida uma aventura fértil.

Antes de chegar ao método, vale observar algumas fagulhas, delineadas para elevar a sua chama.

Dica da Díke

Em uma tranquila manhã de domingo, Aladim e o Velho Taful aproveitaram para dar um passeio na área rural. Enquanto caminhavam o Velho Taful lançou a pergunta:

– Além do canto dos pássaros, você consegue ouvir mais alguma coisa?

– Sim, o barulho do vento fustigando as folhas – respondeu Aladim, apurando os ouvidos.

– E o que mais? – insistiu o Velho Taful.

– Ouço o movimento de uma carroça, na estrada de terra.

– É uma carroça vazia – acrescentou o Velho Taful

– Como pode saber se a carroça está vazia se ainda não a vimos? – indagou Aladim, curioso.

– É fácil saber ... – comentou o Velho Taful, cofiando o bigode – quanto mais vazia a carroça, maior é o barulho que ela faz.

Essa história pode ser transferida para a metáfora da Rosalina. Quem conserva o centro vazio resvala para a periferia, produzindo ruídos estridentes, além de outros transtornos ao seu redor.

42ª FAGULHA Lições da natureza

Quando estive na Amazônia pela primeira vez, descobri que ninguém se arrisca a cruzar um rio, se a Mãe Natureza recomenda não ser o momento certo. Espera calma e pacientemente, sem estresse nem ansiedade, o instante em que ela dará o alvará de licença para a travessia.

A natureza é mestra, foi uma das lições que eu trouxe na bagagem. Não há soberba capaz de suplantá-la. A nós, frágeis mortais, cabe assumir a humildade que tanto evita o nosso guerreiro interior arrogante. Não faltam histórias de gente que afrontou alertas e pagou o arroubo com a vida. Daí o dito popular: "Deus perdoa, mas a Natureza não".

De tudo que vivi na Amazônia resultou um livro a que dei o nome de "O Devir", ou seja, o "vir a ser" algo que, potencialmente, já somos, mas ainda não revelado.

Algumas vezes, a natureza humana toma o leme da vida em suas mãos e, tranquilamente, deixa que o tempo dê tempo ao tempo. É quando percebemos que não está na hora de avançar, aguardando prudentemente uma oportunidade que, na hora certa, vai ampliar os horizontes. Um bom exemplo desse respeito ao momento certo é o dos pais capazes de esperar que desabroche o pleno potencial de um filho, ao invés de forçar a barra e pisotear a autoestima dele com duras críticas, quando a evolução parece lenta demais.

A paciência é uma virtude que consegue transformar ansiedade em serenidade, impetuosidade em discernimento, agitação mental em paz de espírito. Em outras palavras: uma ordem natural.

"Muita calma nessa hora!" é o que ela diz aos nossos demônios prestes a desembestar. Muita alma nessa hora é a lição que a paciência nos oferece para que cheguemos ao melhor resultado, elevando a qualidade de nossas decisões e ações.

Não se trata, no entanto, de esperar sentado, deixando que o destino determine o que devemos fazer e quando devemos agir. A natureza está sempre ocupada, de forma velada ou revelada. Vive seus próprios tempos, respondendo às estações. Aprendamos, pois, com a mestra.

Abençoado seja quem consegue sincronizar a sua própria natureza com a ordem natural, fazendo da vida uma aventura fértil. Não por acaso, Paulinho da Viola recomenda: "faça como um velho marinheiro, que, durante o nevoeiro, leva o barco devagar". No leme, quem aprende a lição está convicto de que tudo vai acontecer do jeito certo, na hora certa. Amém!

Dica da Díke

Embora a natureza seja abundante, nela existe parcimônia, palavra que remete à simplicidade e ao entendimento de que "menos é mais". A parcimônia é mais um dos meus dons.

Reflita sobre outras lições da natureza que fazem sentido para a sua vida. Registre suas impressões e descobertas no Caderno de Notas.

43ª FAGULHA Pratique a equanimidade

Taí uma palavra boa para acrescentar ao seu vocabulário: equanimidade. Como não é usual, vamos ao seu sentido. É algo contrário a tomar partido, tendenciar, polarizar, ser parcial e julgar. Praticá-la é um bom desafio, pois estamos acostumados a atuar, impetuosamente, com seu oposto. Podemos dizer que é irmã de outra bem importante, discernimento. Equanimidade exige reflexão, discernimento. Requer que se mantenha o estado de moderação, isenção, comedimento. Uma atitude que significa livrar-se do desmedido para encontrar a justa medida.

Praticá-la não é um desafio fácil, porque muita gente acha bastante prazeroso polarizar e polemizar. Há quem goste demais de atacar o oposto, o contraditório, o outro lado de nosso conjunto de crenças. Equanimidade nunca se ocupa disso.

Trabalhar com ela exige aceitar as coisas como são, pois, do contrário, elas continuarão brigando dentro de cada um de nós. Tal qualidade nos permite negociar com os extremos a partir de nossos próprios opostos, daquilo que não está bem resolvido nem mesmo em nosso interior. É o maior dos ganhos que temos ao incorporá-la em nossa conduta. Requer que a gente apazigue os embates interiores que, muitas vezes, externamos de maneira desastrosa.

Na luta interna, formam-se resistências que também são projetadas no mundo exterior, gerando barricadas nas relações, como poderoso impedimento a que se construa a paz. As resistências têm força suficiente para drenar as energias que poderiam ser canalizadas para a realização e a construção de boas relações e de um mundo melhor.

Atuar com equanimidade é a única maneira de nos relacionarmos com tudo e todos, pois nos leva a manter uma atitude de aceitação e compreensão. Não significa, no entanto, concordar com todos ou aprovar tudo o que os outros fazem, mas manter abertura permanente para o diálogo e a oportunidade de entendimento e reconciliação.

Acredito que nós todos, incluindo os que têm posições extremadas, desejamos um mundo melhor que nos permita uma vida mais venturosa. Então, aceite o desafio, seja equânime! É uma prática virtuosa e gratificante, imprescindível quando os ânimos tendem a se exaltar, perdendo a perspectiva lógica. A ela, portanto.

Dica da Díke

Pôxa! Estou toda cheia! Uma fagulha que trata diretamente de um dos meus dons! E olhe que o texto está bem escrito, afinal elogios também devem ser na justa medida.

Pense em algo que seja o oposto do que acredita (política e religião são pratos cheios às polaridades). Tente saber mais e compreender o lado que você repele, abomina, do qual deseja distância.

Aposto que vai aprender muito sobre você nesse exercício. Registre o que observou no Caderno de Notas.

44ª FAGULHA A suprema busca: ser humano

Ser, estar, fazer. Assim de relance, eis três verbos. Mais que isso, três condições humanas. Vamos ao que significam, a partir do último, nesse estágio de nossa conversa.

Fazer humano. Trata-se da condição humana de quem está sempre em ação, realizando algo, ininterruptamente. A pessoa vive para ticar itens da lista de afazeres, da manhã à noite. É possível que continue assim até em seus sonhos,

O *fazer humano* se ressente de que a vida está passando muito rápido, de que não há tempo para tudo e da constante sensação de ansiedade, tantas são as coisas pendentes. Para o *fazer humano*, é muito frustrante deixar algo para trás, mesmo que seja inevitável. O *fazer humano* tem a estranha mania de arranjar tarefas. Sempre mais, mais e mais. Com a tecnologia digital, o ritmo da vida acelerou-se de maneira exponencial, tornando o cotidiano repleto de novidades que preenchem os lapsos de tempo do *fazer humano*, gradativa e inexoravelmente muito dependente dos afazeres, dos tiques nas listas, das pendências.

Estar humano é outra condição, caracterizada por quem está, mas não consegue ser. Assemelha-se ao *fazer humano* em um aspecto: o de esquecer quem é e por quê. No mais, vive a acídia, ou seja, o enfraquecimento da vontade para qualquer tipo de *fazer*. Se o o *fazer humano* beira a euforia, na ânsia de realizar tudo o tempo todo, o estar humano vive a anomia, no desinteresse por si e pelos outros.

Ser humano é uma busca. Não nascemos, mas sim nos tornamos humanos. É algo que exige propósito, preparo e presença.

Como ser humano sem uma existência que tenha sentido? Para isso, é preciso o propósito. Como ser humano sem uma experiência em que haja aprendizado? Para isso, urge o preparo. Como ser humano sem uma vivência em bom estado de espírito? Para isso, é imprescindível a presença.

Ser humano exige a consciência dessa condição e o desejo de conquistá-la. Tal consciência nos faz passar do fazer e do estar humano para a condição suprema de ser humano, até porque é a nossa vocação. Para isso estamos aqui.

Ao vivermos a vocação, nossa vida torna-se uma aventura fértil revestida de significado. É quando o nosso *fazer* e o nosso *estar* adquirem outra dimensão, a partir de um *ser* mais integrado, coerente e eficaz. Com a sublime alegria de viver a plenitude.

Dica da Díke

Faça uma lista de suas crenças, no Caderno de Notas. Para facilitar sua tarefa, adianto alguns exemplos. Confira e amplie.
   "Tempo é dinheiro."
   "O porco só engorda sob o olhar do dono."
   "A vida ajuda quem cedo madruga."
   "O mundo é perigoso."
   "Sou muito velho para isso."
   "O homem é o lobo do homem."
   "Negócios são negócios, amizades à parte."

Em seguida, faça uma lista dos seus valores, além dos que sugiro:
   Confiança
   Bondade
   Solidariedade
   Verdade
   Perseverança
   Beleza
   Compaixão

Você "está" as suas crenças, mas você "é" os seus valores.
   Nem sempre o que você faz representa quem você é, mas sim como você está. O desafio de "ser humano" implica agir de acordo com o que você é.
   Decida com base em seus valores, não em suas crenças.

45ª FAGULHA Onde está a novidade?

Uma paisagem exuberante contemplada por um espectador desolado transforma-se, para ele, em um cenário triste. Uma bela flor observada por um apreciador ansioso perde o seu encanto. Uma boa comédia torna-se patética, quando assistida por alguém melancólico.

Revisitei a casa de minha avó, onde morei na infância, depois de me tornar adulto. Fiquei surpreso ao constatar que a escada em que havia sofrido várias quedas quase mortais não era tão perigosa assim. Nem as quedas, certamente, devem ter sido graves. Mas, em minha representação, continua viva a ameaçadora sequência de degraus que desafiava a minha coragem.

Noto um fenômeno semelhante nos leitores de meus livros mais antigos, ao reler edições recentes. Fazem perguntas, quase certos de que o texto foi alterado, inclusive no que se refere ao enredo. Quando lhes asseguro que não houve mudanças, eles ficam espantados, chegando a duvidar de minha palavra.

Na realidade, paisagens, flores, filmes têm os mesmos contornos, o que também vale para a escada de minha infância e os livros relidos.

Então, onde está a novidade?

É na capacidade de admiração de situações repetidas que as coisas se renovam. Admirar é mirar com atenção. A partir daí os objetos de observação recebem qualificações distintas. A recriação é inesgotável, pois não é a coisa que muda, mas o olhar de quem a contempla.

Vale repetir a indagação: onde está a novidade?

Exatamente nos olhos de quem vê. O mundo se renova quando fitamos algo sem julgamentos e pressupostos.

Só assim abre-se a possibilidade para o eterno inédito, mesmo que haja repetições.

É aí que está, portanto, nosso desafio supremo: manter as vistas limpas de passado e de futuro. É quando os milagres acontecem. E o maior de todos os milagres é justamente a capacidade transcendente que todos temos de ver milagres.

Dica da Díke

O extraordinário encontra-se, muitas vezes, nas entrelinhas do ordinário. Naquele olhar aguçado sobre a realidade, a partir de um ângulo de visão mais favorável.

Siga em frente. Eu e Rosalina estaremos ao seu lado.

O método da Contemplação de Rosalina

Se você permanecer na periferia da roda, nunca estará presente. Vai se fragmentar entre o passado e o futuro. Precisa migrar do tempo para o templo, um lugar de paz e serenidade. Por isso, a contemplação: uma peregrinação ao templo.

A Contemplação de Rosalina é a plataforma de lançamento para a espiritualidade. É a síntese do rito de busca.

A vida emerge e gira em torno desse ponto quieto e silencioso no eixo da Rosalina de nossa consciência. A quietude nos devolve ao estado original, de apenas ser.

No centro, não há movimento de pensamento, sentimento, memória ou crença. Onde não há movimento, não há mudança e onde não há mudança não há tempo. Somente o atemporal, ou o templo.

Ascese é a prática disciplinada de peregrinar duas vezes por dia ao templo (de manhã e à noite). Fique no templo ao menos vinte minutos.

Ascese

Escolha um ambiente em que possa ficar a salvo de interrupções e interferências.

Sente-se, endireitando a coluna vertebral. Alinhe a cervical de maneira a encaixar o crânio, deixando o queixo paralelo ao chão. Mantenha as mãos sobrepostas, com a esquerda sobre a direita, em posição confortável.

Feche os olhos para evitar distrações com as coisas de fora.

Inspire, pelo nariz, e expire, pela boca, profundamente. Sinta o ar entrar e sair. Concentre-se nele.

Procure o centro de equilíbrio de seu corpo movimentando-se levemente da direita para a esquerda, como um pêndulo. Pare no centro.

Continue respirando conscientemente. Introduza o mantra com as sílabas de Rosalina – Ro Sa Li Na – para cada movimento da respiração. A essência da contemplação reside em intercalar respiração e mantra.

Quando se distrair, retorne suavemente ao eixo, repetindo o mantra. O caminho do silêncio é o caminho do mantra. Faça isso quantas vezes forem necessárias.

Ao final, abra lentamente os olhos ainda sem se movimentar. Retome a consciência do lugar em que se encontra. Depois se espreguice com as mãos unidas e os braços erguidos, inclinados primeiro à direita, depois à esquerda.

Levante-se devagar e agradeça.

Dica da Díke

Fomos treinados para fazer coisas. Sucessivas e rápidas. Um exemplo dessa agitação constante é a necessidade de se manter on-line 24 horas por dia – uma falta de medida explícita. Repito, por ser bem oportuna, a recomendação do Velho Taful: "não fique aí fazendo alguma coisa, sente-se".

A Contemplação de Rosalina pretende pôr a vida em ordem por meio de um tempo e de um templo sagrado. Consagre-se, em recolhimento. Dentro de nós existe uma justa medida, um virtuoso conjunto de paz, contentamento, serenidade e amor, capaz de superar todas as carências. Pensamentos, sentimentos, lembranças, impressões vão e vêm. Só quem não vai nem vem é o observador, essa consciência atenta.

Quando retornar, traga consigo essa quietude e faça uso dela ao olhar para fora, escutar e falar. Note como ela consegue contagiar os outros.

A Contemplação de Rosalina cultiva corretamente a intenção, a percepção, a relação, a conexão e a ação. A vida consciente é um processo criativo que mantém você na ordem natural.

EPÍLOGO

"Convicção é não ter certezas."
VELHO TAFUL

Minha estrela áurea

Além das faíscas, estive com você por 45 fagulhas, na intenção de elevar a sua chama. Ao final de Chamamentos, você expandiu sua preparação para viver a Ordem Natural e lidar com lucidez diante das forças que tendem a conduzir para fora da ordem.

Enquanto o correto tratou de ocupar cada vez mais espaço, devido à compreensão das fagulhas e às práticas sugeridas, subliminarmente a justa medida foi ganhando forma, em sua consciência.

Ao me despedir, eu lhe apresento minha estrela áurea, com os dons em cada ponta. Vale relembrar suscintamente cada um deles.

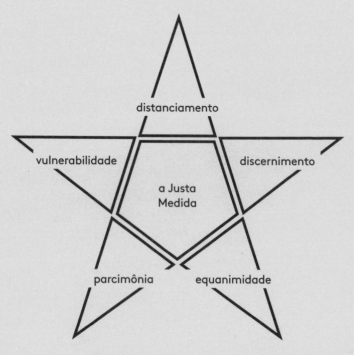

Distanciamento: ajustar a perspectiva graças a um olhar mais abrangente, examinando o texto sem perder de vista o contexto.

Discernimento: ajustar a compreensão, aceitando que a leitura da realidade é sempre parcial, incompleta, tendenciosa e equivocada.

Equanimidade: ajustar os opostos sem invalidá-los e, com imparcialidade, aproveitando a força que emana de cada um deles.

Parcimônia: ajustar o ritmo mantendo a cadência adequada por meio da moderação, que afasta as desmesuras e excessos.

Vulnerabilidade: ajustar-se a uma vivência livre da couraça que, ao mesmo tempo, previne a dor e o sofrimento, impedindo a entrada do amor e do contentamento.

Meu desejo é continuar caminhando a seu lado, se essa for a sua vontade. Mantenha a minha estrela em sua mente e em seu coração. Caminhemos juntos. Em peregrinação. Para sempre.

Com estima,
Díke

Naturalmente

Quando comecei os meus trabalhos de consultoria nos anos 1980, acreditava em poder ajudar empresários, líderes e equipes a prosperarem e superar a luta pela sobrevivência. Luta inglória, insana e infinda. Ainda levaria alguns anos para que eu aprendesse que a escassez da qual padeciam não estava do lado de fora, mas dentro deles mesmos.

Foi assim que surgiu a Metanoia, um processo de reeducação do olhar para que fosse removida a crença na escassez dando lugar à abundância como valor.

Décadas se passaram e, somadas à explosão tecnológica desse período, a luta pela sobrevivência ficou para trás. Ela persiste nas mentes daqueles que dela tornaram-se refém, mas as ameaças, hoje, são de outras esferas. Não são mais físicas ou materiais, mas psíquicas e espirituais. Um mundo fora da ordem é um mundo insano, doente e desequilibrado. Viver fora da ordem é um tipo de endoidecimento.

Diante desse quadro entrópico, o que mais escuto subliminarmente é "o que aconteceu com a minha vida? Tire-me daqui! Dê-me um minuto que seja de paz de espírito!".

A boa notícia é que, tal qual a medida áurea, existe também a áurea medida na forma de viver a vida, o trabalho, os negócios. É a justa medida, aquela que dispensa a falta e os excessos. Tão simples como a ordem natural, que já está posta. Não vai ser preciso forjá-la, mas acessá-la.

Para isso, a rota de fuga deve dar lugar ao rito de busca. Encontrar o natural em seu próprio ser, ajuda você a reencontrar o natural também fora de si. Lá está ela, a ordem natural, de braços abertos nos esperando. E, quando acontecer o encontro, uma única indagação emergirá, tão naturalmente, do nosso coração: "e como poderia ser diferente?".

Agradecimentos

Vivo a fartura que só a ordem natural oferece. Refiro-me a amigos e profissionais tão grandiosos quanto generosos que emprestaram os olhares e ofereceram seus comentários e sugestões.

À Mirian Ibañez, a justa medida no texto, além de contar com a sorte da sua amizade.

Ao Robson Tranjan, exímio matemático, além da bênção de tê-lo como irmão.

À Maria Helena Bosco Vaz, sempre a primeira impressão, olhar transcendente.

Aos meus parceiros de tantas chamas e muitos chamados: Alexandre Zorita, Carlos Soares, Edilza Cavalcante, Julian Machado, Karina Pettinatti, Karine Estácio, Silvio Bugelli, Susi Maluf, Zilda Fontolan.

Em especial, Fabiana Iñarra, Ivo Ribeiro, Lucas Britsky e Andreia Bernardi, padrinhos de *O Velho e o Menino*, quiçá também de *Chamamentos*.

À parceria inestimável de Anderson Cavalcante, os cuidados de Luisa Tieppo, Simone Paulino e Gabriela Castro. Juntos, criamos *O Velho e o Menino*, o primeiro livro da vida de muita gente. Quem mexe com livros sabe o que isso significa. Que tenhamos a mesma sorte com *Chamamentos*.

À equipe comercial da Buzz, sem eles *O Velho e o Menino* não teria ido tão longe nem cumprido o propósito de preencher com significado o coração de tanta gente. Gratidão à Iraceli Lopes, Allan Santiago, Vinícius Moraes, Silvia Polazzetto e Alex Lopes.

Gratidão aos queridos metanoicos que fizeram *O Velho e o Menino* romper fronteiras: Abreu da Colormix, Allan da Emix, André da Lancaster, Ana Claudia e Ricardo da

Escola Internacional, Ana e Resende da BS Tecnologia, Antonio Carlos da Linda Fruta, Eduardo da ETS, Boebel da Acquaplant, Bruno e Eduardo da Benassi, Carlos e Valdir da Klin, Claudio da Universidade do Piso, Clotilde da Dal Pino, Cristina do Colégio Soter, Edgard das redes Bio Ritmo e Smart Fit, Fábio da Paulo Mello, Geancarlo da Terra, Giba, o comendador, da Kairós, Guilherme da Eskelsen, Humberto da Soesp, Íris e Tchesco da BIZ, Jaime da Italbronze, James da Plasticoville, Jeison da Forlogic, Joana da Doin, Julinho, Julio do Sacolão da Santa, Khalil da Som Maior, Kazuo da Yassaka, Luiz da DLC, Marcelo da Incremental, Maria e Diego da Pampili, Marli da Unitrade, Mauricio da Sil, Minoru da Soneda, Natalia do Grupo Unite, Nelson e Rinaldo da Cory, Nestor e Marinho da Ática, Neverli da Soutex, Nilson da Raw, Oscar da Esamc, Paulo Abud da Editora Educacional, Paulo da Adrenalina, Fernando e Edriano da Corporate, Ricardo e Sandra da Futura Tintas, Rosa da Luz & Oliveira, Rose e Foguinho da Socks, Rubens e Roberto da Redelease, Samir da Sameka, Sergio da Teixeira Pinto, Sergio e Marcelo da Santa Efigênia, Tairone da AF Global, Tania e Adermir da Ponto de Conexão, Telo da Consolidar, Toni da Ecofit, Vanúsia e Nil da Datanil, Vera e Mario Wilson da Alphatec, Yukiko da Byoformula, Ronaldo da Filhos da Luz, Claudia do Instituto Passo-a-Passo, Zezinho e Doia da Nação Real.

Finalmente, agradeço à Maria, convívio diário feito de cumplicidade, alegria e leveza.

Referências bibliográficas

FRANCISCO, Samuel Vilela de Lima. *Entre o fascínio e a realidade da razão áurea*. São José do Rio Preto: Unesp, 2017.
GALEANO, Eduardo. *Os filhos dos dias*. Porto Alegre: L&PM Editores, 2012.
GOETHE, Wolfgang. *Escritos sobre arte*. São Paulo: Imprensa Oficial, 2008.
JUNG, C.G. *Sincronicidade*. Petrópolis: Vozes, 2000.
KAHNEMAN. Daniel. *Rápido e devagar*. Rio de Janeiro: Objetiva, 2011.
Monja COEN. *O sofrimento é opcional*. São Paulo: Bella Editora, 2017.
TRANJAN, Roberto Adami. *A Empresa de corpo, mente e alma*. São Paulo: Palavra Acesa Editora, 2014.
_____.*O Devir*. São Paulo: Palavra Acesa Editora, 2013.
_____.*O velho e o menino*. São Paulo: Buzz Editora, 2017.
_____. *Metanoia*. São Paulo: Buzz Editora, 2019.

www.robertotranjan.com.br
facebook.com/RobertoTranjan
LinkedIn: Roberto Tranjan
Instagram: @robertotranjan
roberto.tranjan@metanoia.com.br

METANOIA – Propósito nos negócios
www.metanoia.com.br
facebook.com/metanoiapropositonosnegocios

FONTES Register, Brown
PAPEL Pólen bold 90 g/m²
IMPRESSÃO Geográfica